活出幸福

A Key to Having a Blissful Life

林幸惠 著

真诚付出关怀，得到智慧与力量，
让人生每一刻都满怀喜悦！

復旦大學出版社

目录

自序 幸福经

“慈济师姊好!”穿着制服走在街上,常会遇到不认识的人,对我点头微笑;甚至有一次,没穿制服的我在跟摊贩询问价钱时,身旁有位女士,就像认出熟人似的说:

“你是慈济的师姊!”

我很讶异地问她:“咦,你是怎么看出来的?”

“你们看起来都很善良,而且面带微笑。”她笑笑地说。

“还有,生活得很幸福。”那位女摊贩接着说。

“你看起来也很幸福啊!”我说。

“如果幸福的话,我也不用在这儿,为三餐摆摊位,我也可以到处去做好事。”她说。

原来她所定义的幸福很简单:只要不为生活而工作,只要能行善。

人生路上,人人所追求的幸福,也许都不一样,但都需要一部虔诚颂念的“幸福经”,来慰藉在生活中受创的心灵,

或许彼此的经文不同，我想，终极目标却是一致的，那就是：活出幸福！

多年在担任慈济志工的菩萨道上，看到或听到不少深刻的真实故事，当事人各有不同的困境，但在证严上人的导引下，可以看到他们不断地身体力行，改造自己，影响别人，在各自跌跌撞撞的人生中，学习转换正向的力量，最后终能建立自己的美好人生。观人自观，让我深省之余，也希望能借着拙笔，将一个个故事分享出来，让人人能够从中得到启发，喜悦面对每一天！

在书中，特别设计了“幸福港湾”单元，让大家能将“悔恨、愤怒、委屈、恐惧、不甘心”或是“孤独、疲惫”等等的情绪与忧伤，卸下整理，在停息思索之后，能够找到方向，重新加满能量，再出发；而幸福的十二大法，则是画龙点睛，帮助大家易记易想，自然养成幸福的习惯。

附加的照片，是希望藉由孩子们的纯真与大自然之美，来唤醒人人本性中，本具的清净与美好，因而能自愈伤痛。其实幸福就在当下，就在每一天、每一刻，而绝不在过去或未来。如果还能懂得感恩、付出报恩，生命更不会空白。

虽然有人说，绝大多数的痛苦，其实是不必要的，可是唯有透过痛苦来悟道，才能感受生住异灭的聚散无常，体会到苦难过后的幸福；所谓“烦恼不来，智慧不开”，精神与内在的智慧，会因创痛而得以成长。

而我特别感恩的是，在找到慈济这样的团体，全心投入之后，经由奉献，藉由彼此的磨练，超越自己的执著，我相信，幸福可以无限延伸。

另外，特别要一提的是，本书的完成除了个人所见所闻，还要感恩志工们的分享、静思书斋主编的《志工笔记》，与大爱电视的节目。

最后，祝福每一位发好心、立好愿、决定要有美好人生的人，都能突破难关，活出幸福，并将祝福带给更多需要的人。

欢喜自在

用付出清理忧虑——

必须快乐的母亲

那一年的夏天，月梅、世欣、莉慧与我，四位辅导妈妈带着一群还在念初中，集钟爱、呵护于一身的孩子们，到教养院去唱歌、比手语，希望能带给院童们欢乐，可是这群因为身心障碍而被遗弃的小孩，不免触发了大家深沉的悲悯。一回到车子里，有个孩子心疼地流着泪说："他们好可怜。"

月梅妈妈安抚他们说："他们可不可怜，我们无法就这样判定，但是你们可以体会到自己是有福的，所以，一定要更珍惜自己哦。"

另一孩子不平地说："怎么会有这样狠心的爸妈，将小孩丢在那里！"

于是月梅妈妈用一个真实的故事，诠释一位有智慧、有爱心的母亲，如何转变心念，将苦难化为喜乐，让大家了解，所有的因缘，其实都有它正面意义。

叶妈妈有一个脑性麻痹的儿子，为着生活，她白天必须推着轮椅，到路边卖甘蔗，但不管有多累，她脸上总是挂满笑容。这样的日子已过了三十年，孩子除了体重增加外，智能没什么进步，生活起居依旧由她辛苦照料，可是她没有因此失去爱的信心。

有一天，她带孩子来慈济医院，儿子被诊断出是肠阻塞，必须开刀。

当时她要以儿子的名义捐五千元，但志工们关心她的生活费是否够用，经济上会不会有问题？她连忙说："还好，我们生活过得去，我也想让孩子做点善事。"

他们住在台东，她经常在省道台九线的路边卖甘蔗，她说："每次看见慈济人，我都好高兴！如果有慈济人来买甘蔗，我都不收钱。因为她们都是帮助别人的菩萨，我也希望自己与儿子有一天都能当帮助别人的人。"

叶妈妈开心地说："每次我把孩子带到甘蔗摊，生意总是特别好，我觉得儿子真是老天赐给我的礼物！其他摊贩都认为，客人一定是看我们母子可怜，所以向我买，其实他坐在摊位后面，一般人开车经过时，根本看不到。"

看到这么开朗的妈妈，一定有不一样的心智力量，于是志工们请她周六在医院大厅的“下午茶时间”，来分享个人经验，也许可以鼓励更多人活出开心的人生。

她带着孩子上台说：“家中若有这样的孩子，要常带出来，千万不要觉得丢脸而自艾自怜，或者怨天尤人，因为负面的心情会感染周围的人。当年，丈夫说他每天心情很差，都不想回家，看不到未来，最后要求离婚。我天天哭泣，度着生命中最沉痛的低潮，儿子也感染到这样的情绪，身体状况变得更糟糕，每天都高烧昏睡，我就得花加倍的时间与精

力来照顾他。有一天，看到家里已完全没东西可以吃了，我才突然醒悟过来，于是问自己：‘我为什么要哭呢？哭泣对我有什么帮助呢？我若感觉辛苦，周遭的人也不会好过，孩子也不是故意要生病的，身为母亲，我必须让孩子感到自己被需要，值得疼爱，这样对他才是公平的。儿子这辈子一定是来教我无条件的宽谅与爱，才能带给自己与周围的人精神的关怀与支持。’”

叶妈妈继续说：“他是老天给我爱的礼物，感恩老天，促使我天天不得不选择欢喜的心情，来面对他的存在，他才能比较健康地活下来，这是多么大的恩典！许多人有健全的儿子，却找不到理由让母亲每天快乐。”

她对着儿子说：“我们现在最想做的是学习如何帮助别人，因为帮助别人快乐更大、更多。儿子啊，让我们一起来做好事，好吗？”

住院期间，那孩子保持很好的习惯，护士在病床边帮他打针，一见到包装纸袋或酒精棉球掉落时，打完针，他就抢先去整理。叶妈妈用欢喜心照顾着儿子，儿子果然变得更伶俐了，以前用餐时饭菜会掉满地，现在一颗饭粒都不曾

掉；更有趣的是，他只要看见地上有一张纸屑或宝特瓶，一定会想尽办法捡起来，叶妈妈感觉到孩子愈来愈可爱。她很高兴地表示，出院后，他们要去当环保志工，救地球了。

月梅妈妈接着问车上的孩子："请问你们有没有常常让妈妈快乐？"

"哦，我不一定会让她生气，但好像很少带给妈妈快乐，有时候还会让她很烦呢。"男孩坦白说。

"那你要改变了，让爸爸妈妈高兴的事不能等的。快乐的分享是会加倍的。”月梅趁机引导，男孩点了点头。

“这位妈妈好伟大，当医院志工可以看到感人的故事，那有没有一些有趣味的事呢?”另一位女孩俏皮地问。

“当然，在医院里也有好笑的事，像不习惯说闽南语也常会被误会，有时候是错不得的，譬如有位护士要病人用药时，简短地说：“阿伯，吃饱三粒。””“啥米？爱呷百三粒(闽南语)？这样免吃饭就饱了！”孩子们轰然大笑，一扫刚才沉重的气氛。

【幸福港湾】

生养不健全的孩子，不是牺牲，
而是老天弥足珍贵的礼物，
因为在最深刻的爱里，
没有埋怨的层次，
而有天使般的荣耀，
母亲每天必须快乐，孩子才会健康！

突破局限的小草

大家听完故事后，很是受到激励，纷纷赞叹叶妈妈："母爱真伟大!"趁着大家对身障孩子的好奇，世欣妈妈说："从母爱就可以看到人性之美!"去年她也看到大爱台播出一个很感人的故事，主角像小草一样努力成长，于是孩子们赶紧静下来，聆听她述说了：

淑美是台南乡下的姑娘，远嫁到新竹的乡下。怀孕时体弱多病，常常得躺卧在床上，却因此让婆婆责怪她是吃闲饭，她一气之下就收拾行李回娘家。先生一再劝解也阻止不了她的决心，两人在火车站拉扯了一阵后，淑美坚持挺着肚子回去。娘家远在台南县深山里，路程颠簸不平，加上她沿路痛心哭泣，快到家时，连羊水已经破了也不知道。到家后，娘家父母紧急送她下山去医院。在医院里，生下了六个月大的早产儿芊芊。

芊芊出生时只有一千克，因为缺氧全身发紫，医师宣告孩子的存活率很低，建议放保温箱试试看，若不成功的话就当作没生这个小孩；幸而还是存活了下来，连医生都觉得是奇迹。可是那时候没有健保也没有劳保，一个月要花四万多块钱（新台币）的保温箱费用。爸爸是上班族，薪水一个月才六七千元，只好向公司借了一笔钱。

芊芊的外婆知道后，请求医生让她带回去自己保温，医生虽然怀疑，还是接受了。由于生活物质的缺乏，外婆像养小鸡一样地把她放在纸箱里喂食，她连耳朵都不成形，外婆每天用爱心，把她耳朵的形状慢慢按捏出来。大家以为绝对养不活了，可是三个月后，外婆居然把她养成了四公斤，老天真的是让芊芊困难地活了下来。

芊芊的脚无法站立与走路，父亲为了医治她，又花了很多钱，带她去医院开刀复健。脚虽然有点起色，可是芊芊在阳台上看到比她小的弟弟妹妹都出去念书了，哭着说她也要去念书。因为她的手不能握笔，母亲很无奈，认为她没法去上学写字，于是，芊芊很努力地以弟弟妹妹用剩的本子咬牙练习，常常练到半夜，终于练到能握笔写字，于是父母就让她一拐一拐地去上学了。

芊芊遇到的阻力，除了在就学期间因为走路缓慢、如厕需要帮忙、经常跌倒等，造成家人与周边的人种种不便外，弟弟妹妹也因芊芊经常的哭泣，而有更多的牵绊与不耐烦，她像是一个来找大家麻烦的孩子。可是让芊芊真正身心挫折，伤害最大的却是在念初一的时候。

有一天，同学抽屉里的钱不见了，教室里唯一没参加升旗的，就是芊芊，老师马上认定是她偷的，告诉了她父母。芊芊的父亲听进老师的话，把芊芊狠狠地打一顿，芊芊的母亲赶紧跑出来阻止，很不忍地说："你要打她，干脆就一棍把她打死算了。"父亲放下棍子后痛哭失声，任谁也无法感受那样复杂的心境，毕竟家人为了芊芊都已吃太多苦，付出太多的心力了。芊芊只有默默流泪，从此她就再也不肯去上学，也很少走出门外，脸上没有笑容，也不再哭泣了，甚至于看到陌生人就很害怕地躲起来。

救活芊芊的外婆，是一位受日本教育的女士，很爱唱日文歌，于是来教芊芊唱歌。尤其是邓丽君的日文歌，芊芊唱起来真有小邓的味道，每次唱歌时，她不仅忘了疼痛，听的人也会忘了她的残疾。她的歌声是天使之音，歌声抒发了受困的情绪，让她因此有了笑容。

芊芊的母亲与弟妹们，负起教她功课的责任。芊芊也慢慢开始在家折纸莲花，赚点零用钱。其后，淑美觉得让芊芊关在家里不是办法，于是跑到邮局申请让她当志工。刚开始，芊芊很紧张，也有人对她抱持迟疑的态度，连动作都很吃力的人，能帮别人什么忙呢？没想到芊芊对客户的服务，不仅积极主动，而且认真。没事的时候，依妈妈的话，乖乖地抄写佛经。她在邮局服务一年，晴雨无缺，当选为模范志工。大家都感受到芊芊的服务热忱，更赞叹她的残而不废，她变成了邮局不可或缺的一员。虽然每天要接送她很辛苦，但是妈妈的坚持让她走出来了。

淑美接触到慈济之后，也带芊芊去做环保，认识更多的师兄姊，在与他们的互动中，她除了学会分类，还知道感恩，更懂得宽谅别人。弟弟妹妹也转变了对她的看法，愈来愈能体会姊姊身体的苦与不方便，也不再忌讳和她一起出门，时时帮她顾前观后地呵护，当造成别人不方便时，还会替她向对方赔不是呢。

【幸福港湾】

不管生活中遭遇到多少困境，
当孩子付出的力量，
是对整个世界有所裨益时，
孩子的成就感会被召唤出来，
进到一个充满无比信心的新境界。

故事说完后，孩子们好奇地问世欣妈妈："那芊芊现在身体变好了吗?"

世欣妈妈回答："身体没有变好，但心理愈来愈健康，芊芊如今已三十多岁了，肢体的灵活依然有困难，可是困境已难不倒她的心灵，她终于知道怎么鼓励自己了。她常去老人院，唱歌给孤独老者听，她相信自己能够给这世界的，应该还有很多、很多。当她唱歌得奖时，就把奖金捐给慈济，她说想救更多的人，因为她已体会到，只有付出爱心才是快乐的生存之道，而且原谅别人无心之过，才能善待自己。她的父亲，看到她开心且无碍地做志工，也跟着投入了环保工作，带动全家，都在做身心灵的保健工作，当然都很幸福快乐了。"

感恩理所当然的爱

在我们之中，有个年龄较大的孩子，他有个独特的看法："我看过一本书上说，其实念书、学习、取得高学历，不一定会有成就，根据管理学的统计，每个人的态度，才是工作成就的关键。所以身体的残障并不是最大的障碍，像罹患肌肉萎缩症的英国物理学家霍金，就有很大的成就哦。"

月梅妈妈很赞同："对耶，还有书上说培养感恩态度的能力，无论工作或家庭，是报酬率最高的能力，也是最具启发潜能的关键能力。"

另一位女孩则回应说："要做到很难耶。"

世欣妈妈说："的确，感恩需要不断练习与培养，让我也来说一个女孩的故事吧。"

她是传播学系的学生，毕业后当上了记者。因为参加了慈济大陆贵州冬令发放的采访，看到当地助学个案的学童，再回想自己的求学过程，才发现自己是多么地幸福！

在贵州采访时，她看到每个家庭的父母或小孩都非常节俭，衣服破了，补一补能穿就好，棉被旧了硬了，还能盖就好，任何东西只要还能用，绝对不会买新的来替代。父母们为了孩子的教育问题，必须出外打工，一个月可能赚个五六百元人民币，连生活开支都不够，还是想办法省下一二十元，希望每半年可以积存百来元，让孩子有机会接受教育。

当地的通讯不如台湾发达，通常一个村庄十几户人家要共用一部电话。她采访到一位十一二岁的小朋友，父母亲都已经往生。当初父亲为了他的学费出外打工，他每天放学后第一件事，就是到电话旁等候爸爸的来电。于是这位记者问："爸爸常打电话回来吗？""不常。""大概多久打一次？"小朋友回答："一年打一通或两通。"只为了一年一天或两天的电话，小朋友三百六十五日天天都去等，听来让她好心酸。

她想到自己的父母，为了她们的教育，同样付出许多心力。记得全力冲刺考高中时，爸爸曾对她说："你如果能升学就尽量去读，学费和其他问题都不必担心，让我来想办法就好。”当时她的感觉是：“只要成绩好就去读，考不好也可以不要读，这有什么大问题吗？干嘛还需要对我说这些？”

这次她从贵州回来，改变了许多想法。她爸爸十四五岁就开始做学徒，感受到没读书就出社会工作的辛苦，因此不愿自己的小孩也经历这种艰辛，希望她能多读一些书。现在她已经大学毕业，也找到一份好工作，但她从来没关怀过爸爸妈妈的感受是什么，她以为只要在工作上能有一些成就，就可以对得起父母了。以往，她妈妈每星期都会打一通电话给她，她总是这样回她：“不必这么常打吧？我一向很健康平安，有事我自然会打回家。”

但这次她去了贵州后，才看到自己背后的推手，但她从来不知道要回头说“感恩”！于是她决定一回到台湾，就要马上打电话给妈妈。那天下了飞机，她的手机才开一两分钟，妈妈的电话已抢先一步拨过来。以往她一定会说：“才下飞机，我还没弄好，就打来干嘛？有事我就会打给您们啦。”她从来都认为他们的爱是理所当然，现在她才发现自己拥有的是什么，并且应该珍惜的是什么了，她赶紧回说：“我从贵州回来了，很健康、很平安，一切都很顺利，您们都

好吗？爸爸妈妈我很感恩您们，让我平安地长大。我以后一定会常打电话回家。”

她回到工作岗位后，也发现到处都是该感恩的人与事，他们都让她涌现无穷的幸福感。她的人缘愈来愈好，当然人脉也愈来愈广，到处都是她的贵人了。

故事说完后，有的孩子已低头沉思了，相信这些对话，在家里也是常有的情境。

“我下课后只会对着电脑聊天，都会忘记打电话回家，有一次，爸爸还搭火车来看我，问我为什么都没有消息。”住外地宿舍的男孩诚实地说。

“有没有跟爸爸说感恩？记得回家后要跟父母说爱与感恩哦，行善行孝不能等！”世欣妈妈提醒他们。

学会感恩，懂得报恩，能少走许多冤枉路。

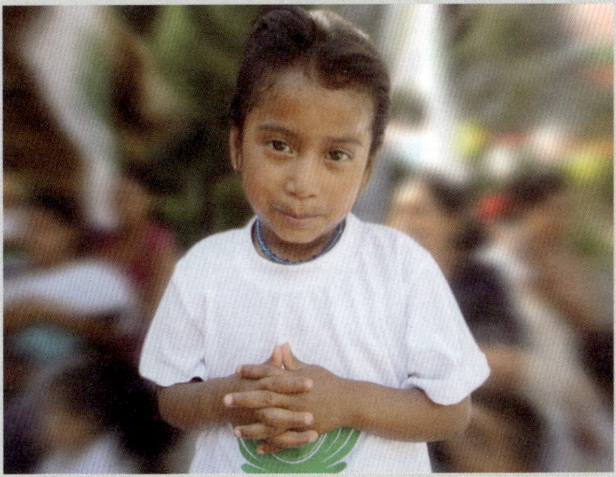

【幸福港湾】

这个世界，有时候是个比较的世界，
需要看到别人的苦，
才能知道自己还算不错。
生命中的幸福与快乐，
并非是拥有的多，
而是发现有感恩的能力。

命运与运命

有位男孩子举手发问:“但有同学是遇到不负责任的家长,怎么去学习感恩呢?”

莉慧妈妈有不一样的看法:“物质所有的配备都可以重新换修,唯有自己的家人,不能挑选,不容整修,只能接受,接受所有的因缘。若不能接受常会导致自暴自弃,不知道爱自己,也不知道爱别人,那人生会走错方向。”

“那是说天生苦命的人,注定有不幸福的家庭。”孩子有困惑。

莉慧妈妈:“不幸福的家庭,其实是增长个人能力的因缘,不一定不好。所以家庭的问题,是成为个人的绊脚石,或是垫脚石,就要看个人的智慧了。”

孩子又问:“那就只接受而不用感恩喽。”

莉慧妈妈:“好吧,让我也来讲一个女孩子,在不幸福中的成长故事。”

晓薇念大学时，长得就像玫瑰花般漂亮，却有一副“全天下人都欠我”的不快乐表情。原来晓薇四岁时爸爸就不在了，此后她和奶奶一起住在乡下，但因为顽皮，时常挨打；每当妈妈从台北来探望时，她总是问妈妈：“我什么时候可以去台北和您同住？”妈妈的答案永远是“下学期就可以了”，下次再来时，“再等下学期吧”，晓薇只好一个学期盼过一个学期，她从小的憧憬就是有一天能与母亲一起住在台北。

直到小学二年级，妈妈因为承受不住家庭的压力，精神出了状况，最后竟然自杀了。当时晓薇虽然懵懵懂懂，但已非常伤心，天天哭泣，因为这意味着，妈妈一直不曾兑现过的承诺，将永远无法实现了！妈妈怎么可以抛弃自己?！她带着怨恨的伤痛，终于来到了台北，寄住在叔叔婶婶家，却觉得台北并没有想象中的好，因为妈妈已不在，她觉得全世界都遗弃了她，她很孤单。

到了高中，她很快学会了抽烟，年少轻狂的她觉得抽烟很帅气，“看哪，全班女生都不会，就只有我会！”其实她不常抽，她也知道抽烟不好，但反正没人关心，就这样半是傲气，

【幸福港湾】

用宿命当借口埋怨，
还不如改写关键剧情。
在人群中，去学习无私地
付出大爱、接受爱，
做个充满活力的人，
当感受到温馨的大爱时，
就能把自己赢回来。

半是自我放弃地愈抽愈多，渐渐变得烟不离手了。

直到有一天，她被朋友拉去参加学校的慈青社团，随着师姑、师伯去居家关怀，她的心态慢慢有所调整。特别是有一回，去探望一位初中的小弟弟后，更让她放下了心防，改变了人生观。那位小弟弟一出生，父母即离异，爸爸在他小学五年级时，另娶了一位越南新娘，也生了一个弟弟；可是不久，他爸爸的健康开始走下坡，去世前不久，后母就带着小婴儿回越南了，丢下孤单的小弟弟。

遇见这位苦命的弟弟，晓薇心疼得直落泪，因为她知道没有爸爸妈妈的心情，是很孤单，很痛苦；可是看到小弟弟，却是活泼地跟大家互动，而且很主动地帮忙，并没有孤苦的样子。她心里酸酸的，不愿相信他怎可能这么幸福，或许因为他有师姑、师伯关怀的爱及他已学会为别人付出爱。

她略带遗憾地跟师姑说："如果小时候，也有慈济人来关爱我的家庭，也许我的人生就不一样了。"

师姑拥抱她，安慰她："上人说：不要封闭自己。你要先去爱别人，别人才会爱你。而且'只要缘深，不怕缘来得迟；只要找到路，就不怕路遥远'。我们都是法亲一家人，有心改变，永远都不嫌迟。”

师姑也不断劝她爱护自己，把烟戒了，“一个人的志气，怎么可以输给短短的三寸香烟。”几年来的努力，现在的晓薇，戒了烟，常与志工朋友聚在一起，学习分享爱，也得到许多爱。现在她可以原谅父母，并感恩因为母亲有不能克服的困境，让她体会要学习超越困境的力量，还要时时提醒，要爱自己与付出爱。

“好像许多人都用吸烟来解决他们的烦恼哦？”大孩子

又问。

顿了一下，莉慧妈妈说："个性孤立的人，容易将痛苦隐藏着，心碎时经常会自我厌弃，认为自己是邪恶的或糟糕的，同时又会想要证明自己比别人更棒，于是就用抽烟、吸毒或制造困难来证明自己，能行别人之不能行。不知不觉把强迫的行为，当成习惯，一旦习惯了，就会失去主控权，而让自己的心更困顿、更挫败而已。"

莉慧妈妈又说："所以说要学习运命，而不是随命运流转。因此只要有决心，没有不能改变的事。在困境中学到快乐之道，这是人最难学，也是该学会的东西了。"孩子们顿时安静下来，似乎有感受了。

我们无法改变昨天，但必须从过去中学习，过去并不等于未来，可是当下的今天，可以为明天而努力。

幸福的指数

造物者所创造的人类，应该是完美的，可以得到幸福的。但其中会遭受无奈与无助的痛苦，是要让人们有受教的课程，在人生过程中，这是一个不停选择的学习之旅。最近许多机构，很流行电脑语音服务，因为节省了不少人力的困扰与费用。许多孩子也很爱玩这样的游戏，有一次，朋友居然试装了测试幸福指数的电话，很有趣，于是我也试打电话，接通之后，录音的声音说：

这是初阶的幸福指数，请您一定要真心做完这十个测验，当您得到满分时，相信您的健康也会是满分；请耐心地测试您与幸福的距离：

常带笑容者，请按1，没有请按2。我按了1之后——

帮过别人快乐者，请按1，没有请按2；

常怀感恩者，请按1，没有请按2；

【幸福港湾】

真诚的服务，帮助正需要帮助的人，

盘点自己的幸福，

会让我们每晚临睡前，

都能拥有美好的感觉，

平安地入睡。

常赞美他人优点者,请按1,没有请按2;

慷慨解囊助人者,请按1,没有请按2;

内心热忱者,请按1,没有请按2;

自认生命有意义者,请按1,没有请按2;

亲切真诚对待左邻右舍者,请按1,没有请按2;

对身边小事也会感到喜悦者,请按1,没有请按2;

充分发挥自己的才能者,请按1,没有请按2。

结果都按1或只按一个2者,语音的结论是:幸福满分。

少按二至三个1者,语音的结论是:幸福离您很近。

少按四至七个1者,语音的结论是:您忘了靠近幸福。

少按八至九个1者,语音的结论是:请为幸福设一个停损点。

全部按2者,语音的结论是:您已为病毒所终结,本电话将在两秒钟后自动切断,请找一个慈善团体帮忙解毒。

这是一个很简单的测试,它不问您的职位,也不问您的财产，更不问您开哪种车，这样看来幸福真的很简单。我相信这也是帮助自己在生活上，有正面的提醒与改善。因为不经意传递给别人的善意与爱，终究将加倍回到自己的身上，让自己的幸福感满满，更何况身心灵的健康是合一的。

哈佛大学最受欢迎的，最热门的选修课是“幸福课”，因为大家都知道，幸福感是人生的终极目标。

用感恩清理执著——轻安自在

储存正面时光

春暖花开的下午，月梅与我在医院当志工，见到病人流露的笑容，最是令人喜悦。刚好在走廊遇着育秀，她的脸上却显得有些愁苦，月梅见状，就关怀地说：

“在忍受病苦的人脸上，我看到了笑容；但是在健康的你脸上，却出现愁容，是怎么回事呢？”原来她是陪婆婆来看病，因为医生说她婆婆的症状可能是失智症，还要再做测试检查。育秀听了就慌乱起来：“难怪她外出后，回家偶尔会走错方向。婆婆年轻时就守寡，辛苦地养育我先生他们两个兄弟，我们都还没好好孝顺她，她就快要不认识我们了，怎么会这样？我先生一定会很难过的，怎么办？”

月梅想起医院中，有位医师的母亲也患了失智症，就提议说：“也许我们可以去请教他失智症的症状，看有没有方法可以减轻或延缓，让你们补修孝顺的学分呀？”

林医师特别抽出空档，与我们相约在静思书轩。谈起他的母亲，林医师不胜唏嘘地回忆起母亲的点滴故事。

我母亲从三十六岁开始守寡，独自扶养十一个子女，从来没有一声怨言，也从来没有为自己活过。她是一个字也不识的文盲，每天一大早就在田地里，播种、插秧，一定到天黑才回家，含辛茹苦地养育我们，也常告诫我们，“人不能做坏事，天公会打死。”每次遇到困境时，她总是会说：“我再来想办法！”她身体很强壮，似乎再苦的日子，也难不倒她。我们对她有无比的信心，她也培育出两个医生儿子。

兄弟姊妹各自成家立业之后，大家决定让已七十多岁的母亲享清福，不要再下田工作。就请母亲就近住在当医生的老三家，但她电视看不懂，与外籍的媳妇又语言不通，她不知道自己能做什么，因此常调侃说自己一点用处都没了。刚开始她会回忆往事，尤其是负面的记忆，她边想念大陆的母亲，边悲凄落泪地唱悲伤的歌。而且每天都带着包包，想要回家，去找母亲。渐渐地最近的事她记不起来，老是怀疑别人会偷她的东西，大热天她还坚持穿三四件的厚重衣服，一直责怪自己是最没用的人了，愤怒得想撞墙自杀。最后只好由妹妹来照顾。可是她脑部退化的速度很惊人，原本可以照顾自己，到后来基本的生活机能也无法自理，每天像婴儿般吸吮着拇指，只记得当年离开母亲时的哀伤。我们兄姊弟妹她都不认得了，甚至连每天照顾她的妹妹也形同陌路了。

看着她日渐萎缩，束手无策，无力改变现状，后悔在锥心之痛中，我自己认为是她的生活失去重心，心灵没有机会自我成长，更没有快乐的精神资粮，去应付身心灵的老化。

母亲也许不以为苦，可是眼看着她逐渐失去心智能力，我们这些儿女们比她还难受，虽然说对于母亲是无条件的

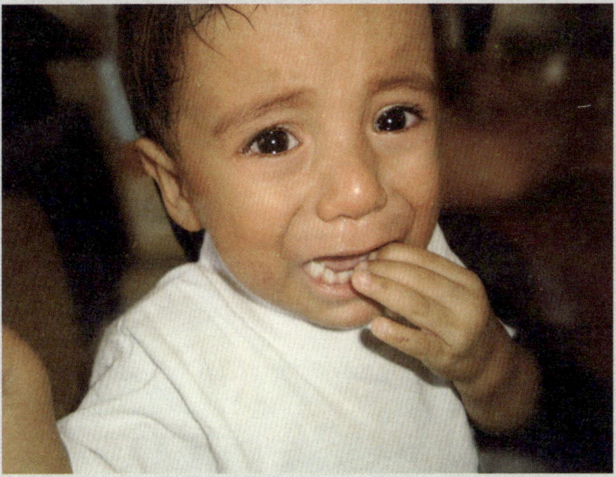

【幸福港湾】

要常清除存在脑袋里的负面档案；
恐惧、不信任、不安全等
都是苦恼的毒素，
会耗损体力与精力，
带给周遭亲人伤痛，而看不到爱。
习惯储存正面能量，
幸福会成为常态，而能人见人爱。

爱，而且爱并不会改变，可是情况没有改善，我们还是很难过，因为明日过后，生命也是一样是空白的了。

林医师接着又说："来慈济医院任职后，看到周围当医疗志工的阿公、阿嬷们，年纪虽大，但却在助人中找到生命的价值，不但能够头脑清楚地在作募款的账簿，又常去关怀别人，也许会让脑神经不容易在以自我为中心的生活中退化。而且他们常听上人的法，也有足够的心灵资粮来面对老化与死亡，那是正面的能量。我想也许这是预防医学该做的研究了。因此我最常劝导病人：'能做就是福，能够为别人付出，一定要及时去做，不要只想着退休去玩，否则等想做时就来不及了，不去活动脑细胞，大脑组织会退化的，生命是无常的。'"

听了之后，育秀很感叹："我们只能努力做好当下，自己要多储存正面的思考能量了。"

月梅也提醒她，"陪伴着婆婆也别忘了携带笑容哦，那也是正面能量耶。笑口常开，好运平安一定来。"

对失智者而言，时间将会让他们愈来愈把心关闭在世界之外，无法创造新的信念，也看不到未来，把握当下何其重要。

不为困境所困

育秀觉得自己很委屈。因为嫁到夫家后，她早已放下大小姐的身段，帮助收入不高的先生，努力外出打拼工作，非常辛苦。总算生活安定下来，现在却还要面临婆婆的失智，再来的照护，一定会有压力，她很担忧，又无法逃避。她问月梅："为什么我有这么多的苦难，一波接一波地来，谁会想要痛苦？但怎么做才能感觉到这世上还有幸福？"

月梅想了想说："听说在哈佛大学最受欢迎的是幸福课，听课人数超过了王牌课《经济学导论》，可见每个人都在寻求幸福，比经济更迫切耶。可是人生不如意十之八九，只有一二是如意的。"月梅于是说起了伊美的故事，让育秀思考，如何可以在困境中找到幸福。

伊美嫁到台东太麻里后，生活可说美满无忧。一直到结婚满十五周年时，经营汽车修护厂的先生竟发生车祸，生命虽是捡回来了，却成了重度残障，原本幸福的家从此变了颜色。那时家中有四个孩子，大的才十三岁，刚刚小学毕业；小女儿还不满三岁，虽然有人出钱想要领养，以减轻她生活的负担，但伊美拒绝了。即使如此，面临未来家中的生计，伊美心中其实非常茫然。

还好就在最无助的时候，慈济志工来探望他们一家人。当他们奉上救济金的时候，她感激得泪洒衣襟，更让她铭记在心的是，志工师姐嘘寒问暖，陪着她度过漫长的日子。这是她遭逢巨变后第一次感觉到被人庇护的温暖，和生命被

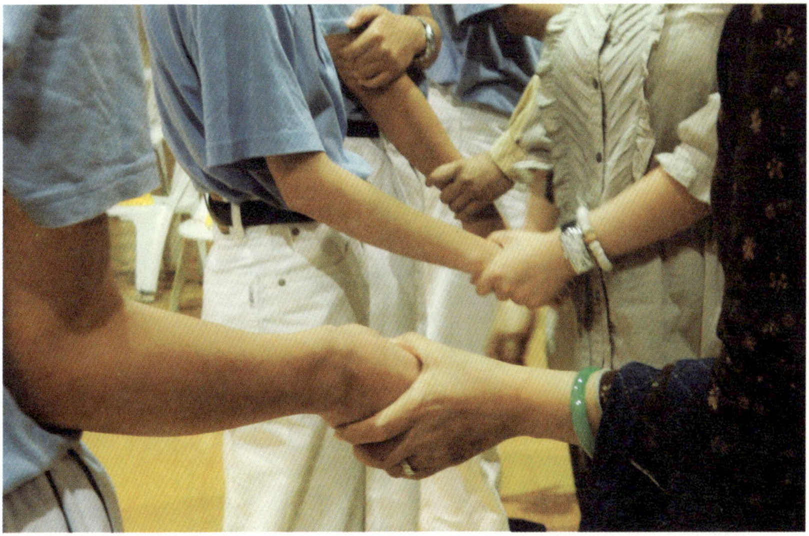

珍惜的感觉。她悄悄地发愿，等自己站起来的时候，也要帮助别人，当别人的贵人。

不过生活还是要挨下去，先生脑部伤到了控制情绪的部位，因而常常生气骂人，甚至会情绪失控而自残，只好常得用绳子把他绑在轮椅上。而为了方便先生做复健，伊美举家迁到台北。初始时她试着摆路边摊，卖臭豆腐和面线，但常被警察取缔。后来换到洗车场工作，她选择做大夜班，每天晚上十点做到早上六点，早上回家后准备早餐给大家吃，送孩子上学，之后除了带先生到医院做复健，还到成衣

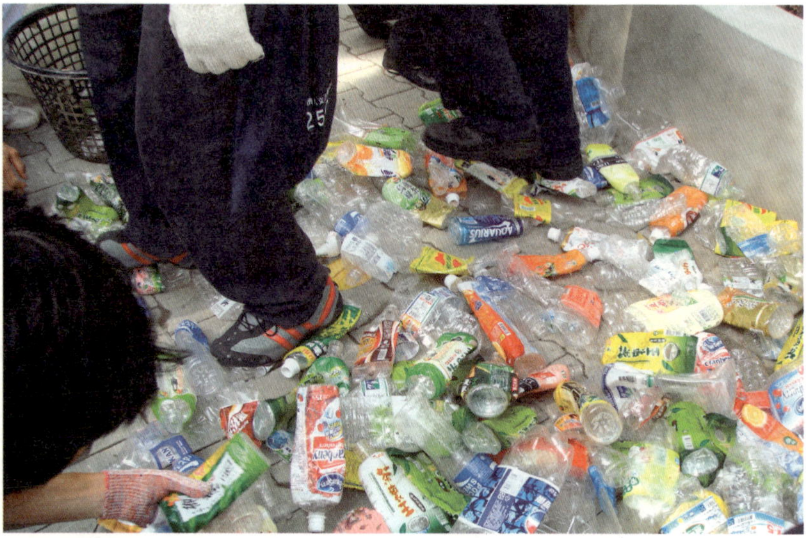

厂车衣服做样品，一肩挑起了全家的生计。虽然身心疲累，生活却已逐渐稳定，身为四个孩子的母亲，让她淬练出坚强的意志力，面对无法预测的未来。

后来因为听到证严上人的一句话：“人生没有所有权，只有生命的使用权。”每逢星期天，她都会带孩子到山上做环保，不畏刮风下雨，甚至台风天也去。有人劝她若想做好事，捐点钱就可以了，她却不这么想，坚持带孩子做，让他们从小种下善的种子，学会勤俭和助人。

好像一切逐渐顺遂了，却又在一次地震时，屋龄二十多年的房子倒了！还好念高中的儿子，把爸爸背了出来，全家都平安无事。可是其后的房租和孩子的学费，让她一筹莫展。不过，虽然是一波又一波的坎坷遭遇，她没有抱怨，她说生存像是一场战争，全家人能够平安就很感恩了。

当年她是靠救济金补助生活，可是当她找到工作，能自立时，就不愿再领救济金。她总是提醒孩子们说：“钱应该是要去帮助更需要的人。”地震后的第二年，先生竟因罹患癌症往生了，她以简单隆重的方式办了先生的后事，剩下的奠仪就捐给慈善机构，只因为“助人”是她今生永不放弃的心愿。

只有小学毕业的她很严格地要求孩子的品德,也要他们努力读书,找到希望。十多年来,她感到最安慰的是:“孩子们一个也没有变坏,而且坚守品德。”

八八水灾发生时,她赶回太麻里,帮助灾民煮热食。为人奉献的爱,持续在她心中填满喜乐,让她更加肯定生命对她的意义。原来做志工是她生命快乐的力量来源。

她还说:“安慰乡亲,让他们安心,其实也是帮自己收惊,安自己的心。能帮助别人的欢喜,是度过慌乱最有效的方法,我很感恩有机会去付出。”

育秀听了以后,很觉得认同:“我们常忘了换个角度看世事,真的应该先去付出帮助别人,才不会局限在小我的烦恼里。”

月梅想起一个故事,笑了出来:“那天也听到隔邻的阿伯开玩笑地跟我说,他走在马路上,被年轻的出租车司机撞到,于是两人在路边争执着谁对谁错。年轻人认为自己的驾驶技术是一流的,而且有六年的驾驶经验,从没出过错,

【幸福港湾】

当进入小我的得与失，
唯有透过利他的奉献，
才能帮助自己释放压力。
因为对他人的痛苦产生了同情，
无力感会转变成勇气，
忧伤会转变成爱，
这样的正面情绪，是幸福的能量，
可以疗愈自己，抚平伤痛。

所以一定不是他的错。阿伯听了，更理直气壮说：‘若要比时间，我可是走路也走了六十年，比你多十倍，还是第一次被撞！那错更不是我啦。’各人角度不同，时间也不一样，生命之间无法比较。”

育秀有了笑容：“我想我们也会老，孩子也在看，丈夫与婆婆的忧心一定比我多，我要多去安抚他们，帮助他们也是帮助自己，是吧。”

月梅感叹说：“是啊，我们都一样，都是先想到自己的感受，很容易把责任先推给别人，忘了照顾别人的感受，所以才会感觉不到幸福。”

人人都有一部经

那晚，送走了育秀与她的婆婆后，刚想拦车，就来了一辆出租车。

芳春、月梅与我进去坐定后，就听到前面的司机说："欢迎慈济师姊！"芳春师姊赶紧回说："感恩司机先生，辛苦了。"他马上接口："比起你们所做的，不能算辛苦，我们只为自己的三餐在干活，你们真的用无私的精神，在为人群服务。""感恩夸奖。"师姊们与我同时说，没想到司机打开他的话匣子了。

"我本来对你们慈济救济大陆，很不以为然，我中止了捐款好几年。但是有一天，我载到一对好像夫妻的客人，让我改观了。"车行缓慢，他继续说着让他改变的真实故事。

三年前，在一个星期天下午，有位太太拄着拐杖，先生则手提了一大堆东西上车，几乎塞满整个座位。坐下后，太

【幸福港湾】

证严上人常勉励慈济人：

诚正信实，就是无私，

将世间所有人都当作是自己的亲人，

才是真正的大爱。去除怨、嫌、恨的心态，

方能大爱同亲。也唯有大慈大悲、

大仁大勇之高度智慧，才能做到忍而无忍。

太就一直碎碎念先生:“我跟你说,前面桌上的东西很重要,你没拿,反而拿这些干什么,真是乱七八糟。”“你这样急着随便乱弄,我不知道要怎么找东西了,简直是狗屁不如。”她一路不停地谩骂。只见那位先生很有耐心地频频道歉,低声下气地安抚太太。

已经到达目的地了,太太又突然想到:“啊,我的一个钱包还在衣橱里,你赶紧再回去拿,在黄色雨衣的右边口袋里,赶快回去拿,赶快、赶快。”在她的催促下,先生让女士先下车,还很有礼貌地提醒着:“请你先在这里等,等我回来,再来搬东西。”

载着先生车子回转时,我忍不住问他:“你为什么对太太那么有耐心?”

先生很平常地说:“她不是我太太,我是慈济志工,她是我们关怀的个案。我要帮她搬家,她不高兴我们清理她脏乱的东西,所以才会一直唠叨。”这样的答案令我惊讶,久久无法转换角色,“那你平常没上班吗?”“有啊。”于是他掏出了名片,是家企业公司的总经理:“你是总经理哦!”“但是休假日,我跟大家一样都是志工。”我再次感到震撼,也翻转了以前对慈济的疑惑。下车时，我还多收了他给的零钱。虽然事后我继续捐款，到现在我仍然很后悔，我不应该收钱，才能表达对慈济志工的敬意。事隔多年，自己还是为生活而工作，但对人生的看法已有所不同。当我不耐烦、疲惫的时候我会问自己："他们都做到了，我还能再多做些什么？"

芳春师姊说："因为上人常告诉志工们，要以感恩、尊重、爱，来关怀受济户，因此当送上救济物资时，志工们还要以虔诚九十度的鞠躬，双手奉上，还要说感恩。"

司机说:“对啊,我常看到这样的镜头,真令人感动。”车子在红灯前停住了,司机突然双手鼓掌起来:“我活到五十多岁了,从来没听过这么好的道理,你们师父很会教导,很感恩志工们,让我们开阔心胸,你们做了很大的功德。”

芳春赶忙谦虚地说:“不敢说什么功德,上人说功德是内能自谦,外能礼让。”

月梅也接着说:“其实是志工们学到更多的谦卑,增进更强的耐力。”

行动最能让人感动,语言常是无力的,有行动才能带动。

佛教的三轮体空:不执著自己是施助者,不分别谁是受助者,不执著付出的事与物,是志工们体悟的终极情怀。人人身上都有一部经,慈济人读的是身体力行的经典。

心转境转

主治肾脏科的林元灏医生，是我家小弟，有一天来电，他说有一位女病患，每次来洗肾，豆大的泪珠就滚滚滑落，神情哀伤。于是他劝她："带着悲伤的心情洗肾，只会加重病情哦，对身体并无好处。你需要帮忙吗？我们看能不能帮你解除烦忧？"她考虑了许久，终于开口了："可否帮我找个律师？"林医生问："是要诉讼的律师吗？"

"我也不知道哪一种律师比较恰当？因为我女儿要我名下的房子，每天跟我争吵不休，冷战、热战都来。我已经是个病人，她这样三天大吵、五天大闹，我的病怎么会好呢，而且她愈来愈不愿照顾我，也对我不理不睬。每次开门回到家，我心情就很不好。不如请个律师来签合约，我死了，房子就是她的，也许这样就可以平息纷争。可是我又担心这么一来，会不会我活着，就变成多余的呢？她若把房子卖掉，我就没地方住了。"

【幸福港湾】

人常常把注意力

放在他得不到的事情上。

想让事件改变，先自我改变，

想让事情变得更好，

先让自己变得更好。

所以已发生的事，并不重要，

而是要做哪些事来改善它。

“你走了，房子自然就归她不是吗？还需签合约吗？”

“因我还有三个儿子，每个儿子都给了一栋房子，只有这女儿还没给，但只剩这房子，再给她我也没得住。而且我已经让她住在这里，我以为我若死了，这房子就是她的，但她认为这样不公平，儿子们逍遥在外，都有房屋，最后陪母亲在身边的，反而什么也没有得到，因此她不能平衡。”乍听起来，感觉得出她的心境非常矛盾复杂。

小弟在电话上继续说：“我们是医病关系，也不能帮她作决定，但很想能帮得上忙。其实她的问题解决，身体也会及早痊愈的。”于是我建议让她看上人谈的“法譬如水”DVD。希望能让她听听上人的法，先洗净她的烦恼，再来找出解决的方案。

没想到，几星期后，小弟来电说她变得很开心，每次来医院就要再借新的DVD，才去洗肾。她说上人讲的法很有道理，让她心平气和，所有的因缘果报，她接受了。而且她谨记上人说：“与人无争则人安，与事无争则事安，与世无争则世安。”她逐渐改变心境，不但不再与女儿争论，她还会很平静地跟女儿说：“如果没有福报，即使给了你，也会保不住的。还不如多来造一些福，让自己更有福气。”她女儿看着母亲的改变，也随着改变态度，还跟着她看上人的DVD，互相讨论故事内容。最近她们母女俩去找慈济环保站，也开始做环保；“抢救地球比个人得失更重要，更值得做。”她说。

小弟很高兴地说：“现在她来洗肾都有女儿陪，非常贴心地照顾，让人看了很感动。而且更让我安心的是，她的健康状况恢复得比预期更快。”

“要改善别人，要先改善自己”，有位精神科医师甚至说：“有时候还要借着治疗自己，来治疗别人。”这也是佛陀的“万法为心造”的教导，让我很感恩做人是有福的。

扫地扫心地

从周一到周五，我们所处的环境，以及所做的工作，都在证明我们的身份。而小李，这阵子的身份很不一样，他告诉我，他是清扫街道的清洁队员。

有一天，他被分配去扫一条新的街道。扫着扫着，突然发现街景很熟悉，仔细回顾每家店商、每条沟渠，这些景象，让他忆念起十几年前的模糊场景……

原来，小李曾是这地盘的角头，无论是摆摊费、流动小贩的论斤费，他都分毫不差地收取款项。这条街的小商人们见到他，就像见到巡使官般，不仅敬畏他，还会乖乖双手奉上该缴的金额。回忆往昔的日子，真是威权又风光，他说他有时候还要为小贩们，排解鸡毛蒜皮的纠纷。

如今在相同的地点、不同的时光里，小李却有不一样的身份了。

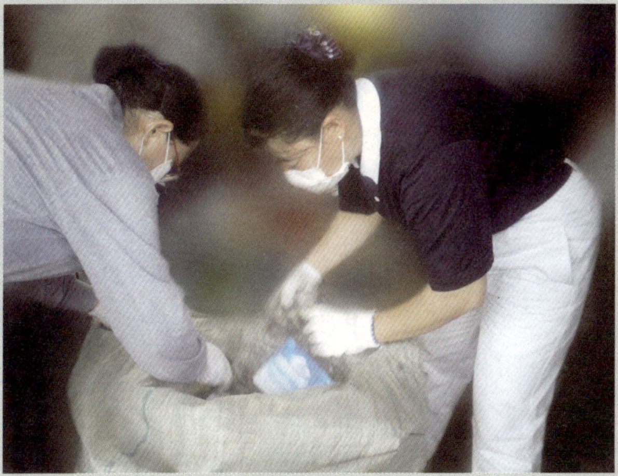

【幸福港湾】

生命的意义是为了使人能对自己负责，
不再归咎于环境或他人，
才能清理愤怒、恐惧的恶性循环。
工作有使命感，
就能激发志工的奉献精神，
心能无所求，
更可以提升自己的价值，
找出工作的幸福感。

回首十多年在狱中的岁月，狱监说他罪有应得，其实至今他仍不知错在哪里，罪在哪里。他觉得自己当时只不过是替天行正义道，把那个社会毒瘤给除掉罢了，老天却这样对待他！出狱之后，为了填饱肚子，他只好来扫肮脏的街道。但这条街触动了他悲愤的思绪，他暗自思忖着：那些昔日的兄弟们，才应该用口来吞食这些垃圾，怎会是他弯腰低微地来扫街！他陷入一种不平静的心情，只想出口骂脏话，愈想愈气恼，于是他摔下沉重的扫除工具，径自回家了。

但他毕竟不想失去生活的工作，第二天，再回到现场。他诧异地发现，那条街上，竟有许多人正轻快地扫着地，而

且他们满面笑容，似乎很开心。他靠近问究竟，原来都是义工，穿着蓝色制服的义工。他问了其中一位面容慈祥的老伯，为什么来此扫地？扫地有什么好开心呢？

老伯端详着面容憔悴的他，回答说："哪里脏就去哪里扫。扫地就如扫心地般，就看是用什么样的态度来扫。我是放下自尊，弯腰扫除心中的垃圾，垃圾就是烦恼，烦恼被扫除了，当然就会开心了。"旁边一位跛脚拿扫帚的年轻人也凑过来，很吃力地说："我们只知道感恩，有机会让生命对社会发挥良能。而且无所求地扫地，当然会开心了。"

当他看到这一幕，又听到那些像哲理般的话语，他的心不知为什么就平静下来。他一向不相信物质以外的世界，老天居然给了他新的思维，新的道路："原来这里有不同身份的人，用不一样的心态，在同一条街道，就可以扫出了快乐。"

小李很感动地告诉我，他终于知道自己错在哪里了，他已经不用再靠牺牲别人，来证明自己的力量了。

证严上人曾说："人生最有价值的，是健康的身体；比健康更有价值的，是正确的人生方向。"

用正念清理迷失——

生死自在

看不见的恐惧

一个冬日，冷锋过境的下午，我们四位已过中年的熟女，又相约在一家餐厅吃火锅，边聊边吃，育秀谈到婆婆的迷信，很困扰，尤其为了烧金纸的事，常常不欢而散，明明说好只烧二百元意思意思，但烧的时候，突然变了五倍以上，婆婆的理由是，“一人二百元，我们家五个人就要烧一千元，我没算错，我虽老而且记性不好，但并不笨啊！”育秀无奈地说：“笨的是我们，没想到她有这一招。”

我赶紧提出不烧金纸的观点：“上人曾幽默地说，烧了金纸，那个地方也没有超市，烧那么多钱给他们，也不知道要用到哪里？而且纸币已换了好多次，但金纸始终如初，没换过，也不知道能不能用？”大家听后哈哈大笑。

育秀很高兴地说：“真好，以后用这观点，告诉大家，又不伤人，又很有时代观。”

可能是听到笑声，有一位女士走过来，原来她是育秀的一位旧识，一听到育秀介绍我是慈济人，马上就拉把椅子靠过来坐，这位彭女士，很诚恳地请教一个非常困扰她的问题："我是很铁齿的人，从来不求神问卜，但我就是不敢面对人的死亡，有时候，只是路过小巷人家里的奠祭灵堂，我也一定要车子绕道，绝不敢从门前经过，因为深怕被煞到！最奇特的是，在我妈妈往生时，一靠近她的遗体，我竟会感到浑身不舒服，第二天皮肤就长满疹子！为什么会这样？我为什么会起疹子？是身体比较虚寒吗？还是有什么在作怪，我现在连去医院探病都不敢了，因为怕再被煞到。"她恐慌的眼神，比屋外的冷空气更冷。

她继续说："慈济人好像常去助念，会去抚慰临终的病患，或是到灾难现场帮忙捡拾残破的遗体，你们难道都不怕被煞到吗？你们是怎么做到的？"

看她殷切的心情，我很诚挚地把上人指点我们的话，转述给她："心正气盛邪不侵！只要心中有正念，就不会有煞不煞到的问题，何况助念是帮助往生者一路好走，心念是帮助往者，是善念，念头已与往者结一分善缘了，俗语不也说：'一善破千灾。'正是这个道理。"

她又问："那你们去助念或去医院后，都不必去消除秽气吗？那些病人与死人都是业障深重的人，你们都不怕秽气上身吗？"

"生老病死是自然法则，每个人都会经历，重要的是在过程中如何让自己欢喜自在，如何帮助别人也安详自在，这是我们终其一生都要学习的功课，因此在丧礼或为往生者助念时，我们都要向往生者说一些好话，祝福他，让他灵安，也要告诉家属，往生者是到另一个世界，也许是换另一个身体再回来，所以要安心地祝福他万缘放下，一路好走。上人常告诉我们，死亡是很自然的事，并不是坏事，我们从没想过这有什么秽气啊。"

"那你们与死者告别后回家，要不要赶紧换衣物或洒什么呢？"

"有时候，我们接着还有婚宴，就穿同一件衣服前往的，也没听说过什么事呀。"

"因为慈济人是菩萨，所以不会有问题。"她说。

"但上人说，能救人的人就叫作菩萨，每一个人都可以做菩萨的，只是要戒慎虔诚，帮助别人，你也可以来当菩萨

【幸福港湾】

每当我们不了解彼此的关系时，
恐惧便会存在，不只是人与人之间、
人与自然之间、人与观念之间，
不了解的就滋生恐惧；
正视它、用正面的思维去看它，
恐惧就会消失。
克服恐惧也造就了勇气与耐心的机会。

啊。就当助念是修行吧，做多了，自然就不会害怕，这是需要不断练习的。”

心安才能平安，不要再为看不见的事伤脑筋，时至今日也没有任何法律条文，可以保护人民免于被恐惧操纵的威胁，因此用善行来克服恐惧，才是勇气的力量泉源。

做受灾者的贵人

彭女士说她实在不懂，但很想了解："在中国人的民间习俗里，农历七月被视为鬼月，有各种禁忌，尤其年轻的孩子们不明就里，也会道听途说。记得八八水灾时，听说驻扎在灾区的军队，不少人心里很恐慌，因为那时正是鬼月，而且他们扎营的地方，有许多罹难者尚未被找到遗体。那些可怜的孩子们，要他们不惊慌，是很难的，尤其他们都涉世未深。后来你们是怎么样去安抚他们的呢？"

去过现场的月梅，谈到当时的状况："我们到达现场时，混乱的土石中，还依稀可看到没被淹没的部分屋顶。军队在道路上设有管制，必须等待通报才能进入，一位负责接待志工的军官忧心地告诉我们，军队弟兄白天挖遗体，晚上就会睡不着。而且外面总会传来阵阵不好闻的气味，让大家都吃不下。晚上洗澡要到外面，虽然是结伴同行，弟兄们还是随便冲一下就跑回来，怕遇到鬼。军官请我们一定要安

【幸福港湾】

没有经历过战争的阿兵哥们，
在这一波灾难中，像是在战乱的沙场，
到处是残缺的肢体，他们将可学习
解开惊慌与恐惧的束缚，
转成为宝岛奉献的情操，
慈悲的大爱，将深植心中，永不枯竭。

抚他们，很诚恳地说：‘非常感恩慈济人，看到你们到来，让我们感到安心。’”

月梅描述那一天的情况，很感慨，“还好，我们有一位志工苏足师姊，她马上跟军官说：‘我们会努力让大家心安，心安才能平安，平安就会有福。’”她缓缓说起苏足师姊的智慧作法。

苏足师姊沿路看见每一位灾民，都会先说：“大家平安，我从花莲带来证严上人的祝福。”第二天，当官兵们迅速整齐地入座后，她开口便先说：“亲爱的孩子们，大家平安！”由于事前得知现场信仰基督教和天主教的人，大约占了三分之一，所以她邀请大家一起合唱“哈利路亚”，让气氛变得更加热络。

接着她以游戏方式，邀请大家手牵手，闭上眼睛，暂时不要呼吸，去感觉淹水的感受，并测试自己能憋气多久。一分钟后，她说：“觉得不舒服的人，请举手！”许多人都举起手，苏足立刻接着说：“你们现在是否觉得自己很有福？”于是大家不约而同地点头。

再来，她开始与大家分享心路历程：“你们被派来这里，千万不要觉得很倒霉。”他们面面相觑，似乎心有戚戚焉，“偷偷告诉你们一个秘密。九二一震灾后，有一天我被通知要到殡仪馆，其实心里非常紧张，那时外面下着雨，但我居然听到自己的脚步声，还觉得怎么那么大声啊！那天送来的大体没有头，脖子好粗、肩膀好宽，第一眼看到时，我吓得差点尿裤子，真怕自己被煞到！可是现在我已不再恐惧了，因为我知道，他们都会感恩我。”

她又继续说：“人只会死一次。我们活着的人，被派来这里协助挖大体，就是来当罹难者的贵人啊！来协寻大体的人就像点一根小蜡烛，三个人、五个人，聚集的人愈多，光线就会愈明亮，就可以看清地面的障碍。你们就是他们的贵人，只要用心去帮助，假使只挖到手也不必难过，表示他只想被找到手，其他都要入土为安。因为用这只手做 DNA 比对，可以让他的家人心安，就是一份爱的功德。”

她又说：“鬼不会害人，只有人才会害人！通常金钱都是被朋友骗走，赌博、飙车等坏习惯也是被朋友拉去做。七月是吉祥月，不是七月才有鬼，其实每天都有鬼在你们周

边。”官兵们脸上露出疑惑的神情，苏足肯定地说：“你的周遭就有鬼，爱喝酒的叫酒鬼，爱赌博叫赌鬼，不洗澡是脏鬼，不做事是懒惰鬼，这些鬼才会害死你啊！”大家哄然大笑。

“如果是你被挖出来，会生气的请举手。”现场没有任何人举手；“会感恩的请拍手。”结果全场响起掌声，脸上也露出了笑容。

最后，她还带动大家比手语——心安才会平安，平安就有福。在这样一场演说之后，鬼月传说的阴影就冲淡不少了，她让官兵们理解了自己的工作，而且相信自己是着急的罹难者家属最需要的贵人，并肯定了自己在做的工作价值。

月梅说：“其实我们都很感恩，能有机会来这里帮助他们。”

彭女士说，她终于了解了，“让工作找到使命，就能全力以赴，慈济志工们知道如何到达那个境界。人人所做的事，其实分分已获。”

心开平安

丽玫常抽空做医疗志工，也谈起她的故事，跟彭女士分享，希望能帮她更了解生死的看法。

她说，有一次听说母亲病危，抵达医院时，医师告诉她母亲的情况不乐观，请她在加护病房外的等待区等待。虽然心情忙乱不安，但她还是很努力安坐下来，屏息以待。身旁有位中年女性，好几次观看着她，后来终于走过来，问丽玫说："请问你是慈济师姊吗？""是啊，你怎么会知道？"她讶异地反问。

那位家属说："因为你看起来好像很自在。我也是拜佛的，可是面对在加护病房急救的父亲，却恐慌得不能自已。还有一些说法让我困惑难解，很想请教你，今天是农历的七月，听说没有福报的人才会在农历七月往生，而且对家属很不吉祥，是这样吗？"

丽玫说："不会啊，对佛教徒来讲，农历四月十五日至七月十五日是出家人'结夏安居'的时间，佛制时代，许多修行人在这段时间修成正果。证严上人也说七月是吉祥月、欢喜月。何况病人什么时候离开人世，他们的剧本早就写好了，我们是无法知道的。如果留下来，就是要让子女们多孝顺、多造福。如果走了，也是要祝福他，快去快回，换一个更好的身体再回来，做菩萨。"

她又问："听说《地藏经》是阴的，必须到寺庙里读，不可以在家里读，真的吗？"

丽玫回答："读《地藏经》很好啊，当然可以在家里读，更何况地藏王菩萨原本是位孝女。"

丽玫继续劝慰她："其实人生最重要的是，在生与死之间是否做了有意义的事情？若是肯定的，往生即不必担心，因为来生必定是好的。若在生与死之间做了不好的事情，那才需要担心呢。所以生时要多做好事，做就对了。"

那位家属小声地问："没有钱也能做好事吗？"

丽玫回应道："其实做好事并不困难，例如慈济功德会在四十几年前，也是由三十位家庭主妇从每天的买菜钱里，省下五毛钱投到竹筒里，从这样点滴累积的善款来开始的。还有缅甸的民众，在上次的风灾后，虽然一无所有，仍愿意在煮饭前先抓一把米存起来，拿去帮助比自己更苦的人。台湾的经济环境这么好，只要有心，也可以学习‘竹筒岁月’的精神，每天买菜前先投下十元，十元不过少买几根菜，家人少吃一两口而已。所以只要有心，做好事不会有困难。”

“那可以为病人行善捐款吗？”

“当然可以，佛说一切唯心造，心念是造就一切的根源。”

丽玟对她提起静思语：“时时好心就是时时好日；心中时时保持正念，任何时间、方位都是吉祥的。”

彭女士点头同意，“那当志工，是否常会被问到许多不能理解的问题？”

丽玟为此举了个例子。其实在医院里，家属与病患内心慌乱不安的人太多了，有时候他们也会用另一种诙谐来跟志工开玩笑，譬如某位病患的家属，向志工陈师姊赞叹：“你们上人很伟大，天地还会先开路让他走，让慈济人的大

【幸福港湾】

累积人生丰盛的学习点数，
也同样能收到老天的赠品；
有信仰的人生，比较容易接受现实，
比较会有来去自如的宽阔胸襟，
才不会被人生的问题给套牢了。

爱可以绕全球，上人真是‘喊水会结冻’（闽南语）。”

陈师姊笑着回答说：“上人现在的确希望喊水能结冻，请大家用水要节省，留下一些来结冻，才能细水长流，让代代子孙都有水可用。”

“没水也没关系，上人会移山倒海，再把水引过来就好。”他又继续逗趣地说。

“上人只会净山净海爱地球，若说要移山倒海，应该是一般人才会。”陈师姊赶紧纠正。

“我们一般人哪有这么厉害，可以移山倒海？”他质疑着。

陈师姊顺势引导说：“大家一不注意，可能就变得很厉害，例如去砍伐树木，结果大雨一来，便引发土石流；环保工作不落实，让垃圾都流入大海。山不像山、海不像海，难道不叫移山倒海吗？”陈师姊很有智慧地将处境逆转了结果，让他心服口服了。

彭女士欢喜地表示：“听你这么说，我也一样心服口服耶。”

外在周围的世界中，我们虽然不能为每一件事作主，只要信念坚定，有些事是可以懂一辈子，有些事要用一辈子去懂。

学习面对失去

育秀说她每次看到慈济志工，在帮忙病重的老人清洗，就很感动，但是要安抚临终的老人一定需要学习。她上次到医院，很想安慰从小就最疼爱她的姨婆，育秀不知道该说些什么，只好跟她说："您放心，您一定会好起来。"姨婆很不安地对她说："我要活下去，我不想死。"于是育秀当场放声大哭起来，姨婆也伤心落泪。她觉得自己很不孝，反而惹姨婆伤感。但是她不知道该怎么说，才是对临终者有帮助。

月梅说："我们把老者都当成自己的长辈亲属，其实没有亲疏的分别，但也真的需要学习。"

当医疗志工的丽玫，想起了一个老人的趣事。

在病房里，安不下心的老人很多。一位住在加护病房的阿伯，因为中风需要观察，而且加护病房的病人不能下床，所以阿伯就一直大吼大叫："放我出去！放我出去！干嘛把我关在这里?”大家好说歹说,仍然无法安抚阿伯的心情。最后护理长想出一个办法,对他说:“好,您若能正确回答我的问题,就可以转出去。我请问您,现在住在哪里?第一个答案是慈济大饭店,第二是慈济医院。”阿伯回答:“慈济大饭店。”于是护理长宣布:“答错了,这里是医院不是饭店,所以您当然不能转出去。”阿伯没话可辩。

可是安静没几分钟,阿伯又开始吵闹,护理长只好再问一次相同的问题。“我知道,这里是慈济医院。”阿伯这回学聪明了,以为自己一定答对了,不料护理长却说:“是啊!答对了,这里是医院,而且是加护病房,当然就不能下床。”“您看看这里有这么多病人,只有您一直吵,我手边还有好多事情得做,其他病人也很紧急,而我必须全部先放下,只能在这里陪您聊天。还有谁比您好命吗?”也许是启发了阿伯的慈悲,此时他才安静下来。

育秀赞美说:“护理长幽默抚慰病患的智慧,真让人佩服。”

月梅接着说:“其实我们来到的是慈济社会大学,除了每天可以聆听上人开示,接受人生道理的教育之外,医院里生老病死的课程，带给我们心灵很大的成长。我也来说一个很感人的老长官的故事，至今我还很感怀。

去年在心莲病房（癌症末期的病房）住有一位八十二岁的老长官伯伯，很有军人的本色，讲话非常大声，中气十足，第一天来住院，他就指着医师、护士谩骂，两位志工站在旁边都不敢动。医师巡过病房之后，伯伯吵着要去买东西，志工看到他的一双脚肿得很厉害，担心出去买东西时会不安全，所以一直劝他：“您要买什么？我帮您去买，您不要出去。”可

是他大发雷霆，说你们懂什么，于是志工去问护士可否出房门，护士说：“可以，你用轮椅推他到地下室的福利社去买。”可是到了地下室，却找不到他要的东西，伯伯很不高兴地说：“带我去外面买，外面的商店就有了。”志工不敢擅自带他离开医院，一直好言劝说，他不领情，继续叫骂：“笨蛋，两个没有用的东西！买个东西又不会被枪毙，怕什么！死了也不必坐牢，怕什么怕，真是没用的东西！”就这样一路被骂回心莲病房。志工们赶快跑去找较资深的志工黄师姊，担心地说：“伯伯不知道会不会被我们气死？请你快去安抚！”

黄师姊走进病房，看见伯伯果然气得脸色泛红，于是立刻堆满笑容告诉他：“报告长官，我们是新报到的新兵，也就是菜鸟，如果有什么服务不周的地方，请您多多指教！”他看了她一眼，突然用闽南语说：“是豆干，不是长官。”她马上回复：“不论您是豆干还是长官，都是我们心目中最敬仰的长官。我们今天刚来报到，如果有什么事情做不好，请您多多指导。现在我们已经集合好了，随时准备出操，随时待命。”于是她立正举手致敬，这时伯伯总算露出笑容，大家都松了一口气。

她继续问："请问长官，我们属于什么军种？"

"笨蛋，海军啦！"

"噢！我们是在保卫台湾海峡。"见伯伯没有回答，另一位志工说："不是啦！应该是保卫太平洋。"

"笨蛋，是巴士海峡。"伯伯纠正说，在场三位志工赶快陪罪说："对不起，新兵保卫错了。"经过这一番逗弄，他很开心地笑了。

伯伯说他买了面，交代她们四点半时帮他热一下当晚餐吃，结果三位志工忙到想起来时已过了五点，赶紧跑过去问："报告长官，您要用晚餐了吗？""笨蛋，我已经用过了！"大家都惊吓不已，只好站在那边准备让他骂。伯伯说："刚才护士已帮我微波，你们跑去哪里了？"

黄师姊赶紧举手行军礼，"对不起，新兵去跑公差，忙到忘记了。等一下我们要回营区，会报告指挥官，说您的身体已经健康平安了。"

他展现出长官的严肃表情，没再说什么，只挥挥手示意她们离开，所以三位志工向他一鞠躬就离开了。

隔天早上再去病房时，看见伯伯已经瘫软在床上，面包、牛奶都只吃一半，黄师姊抚慰过无数的临终病患，但看到他的样子，还是感到很难过，于是轻轻地说："长官，您的早点要吃完啊！"他不说话，只用食指比出"死"。"长官，我知道，您的馒头数完了，要回老家了，对不对？"他虚弱地说："对。""您不用担心，老家有老母亲在那边等您哦！老母亲就像观世音菩萨一样很慈悲，等待您回去。""好，我知道。"他的眼眶闪着泪光。前一天还雄赳赳气昂昂、口气高傲的老长官，现在却虚弱得像一个三岁的小孩。黄师姊感觉他很需要母亲的安慰，所以牵起他的手，用另一只手摸他的额头说："您放心，回家很好，那边有慈悲的老母亲在等您，我们来念观世音菩萨好不好？""好。"于是大家陪着他称念观世音菩萨圣号。没多久，伯伯安详地睡着了，还伴随着打呼声，大家才安心地离去。

中午时黄师姊再去探望，问他："长官，您要用午餐了吗？"

"吃不下，我要死了，我有一些钱用不到，送给你。"他显然愿意面对"死"这个字，可是这举动让黄师姊吓了一跳，赶紧告诉他："长官，新兵不缺钱，新兵的父母亲会寄给我钱。

【幸福港湾】

生命并不强调存在的重量，
在沉默的告别里，
历史的洪流早已翻滚而过。
人一定要学习面对失去，
还要把握当下的稀少时光。
让无用化为大用时，
已是达到生死自在的解脱境界。

长官，您现在生病了才需要钱，钱先留在身上，等一下您若肚子饿，我可以带您去买东西。”

“我用不到，给你。”他仍然坚持，她继续安慰他道：“长官不用急，我们再来念观世音菩萨。”念了一会儿，她告诉他：“您为我们保卫国家，为国家奉献很多，在台湾生活六十多年，这边所有的人都是您的亲人，我们都好爱您，好尊敬您，都知道您为大家所做的奉献。如今您的责任已了，您可以放下一切，可以安心地休息，我们永远感恩您。”

“好，那我可以捐遗体给医生做实验吗？”“好，新兵会帮您处理，没问题。”听完他很安详地睡着了。就在那一晚，伯伯就往生了。

说到这里，月梅有些哽咽了。

可是在短暂的互动中，有机会关怀陪伴这一位病死异乡的老长官，陪他走完人生最后一程，真让人感恩。而且有机会向他说出心中的敬爱，感觉是用爱点燃他的心灯，一路有灯陪伴，让他安详地离去。这位老军官还要化无用为大用，将遗体捐赠出来，真是让人尊敬的长者。

月梅继续说："让亡者安详地离去很重要，还要培养能力去抚慰失去亲人的人，也是一门重要的功课，人生是不完美的，如果能从小就教导孩子如何面对失去，不管是亲人或宠物，因为有时候那种伤痛会走不过去，甚至会带到未来。"

育秀深有所感："我也觉得有必要从小教育孩子，除了学会生活的技能之外，也应该要教他们学习面对失去。"

月梅也回应说："虽然我们不知道自己能否活得老，但是在医院当志工，除了学习面对失去外，更会懂得珍惜生命所拥有的一切。"

爱与关怀

去年的清明节，扫墓时，只来了五六位至亲，而且多数是年长的亲人，因此除草与打扫墓园就显得格外吃力，于是年轻者就建议干脆搬到灵骨塔，随时可去追思，不必扫墓只限定在一年一次的清明节，话虽不错，但人多意见多，没人胆敢拍案作决定，最后有人提议，用掷筊问祖先，愿不愿继续留在这里，甚且，要以三次掷筊为准，其中若有一次负面，那表示要搬了。

没人带筊杯，于是就以铜板取代了。令人惊讶的是，第一次掷地的两个铜板，在凹凸不平的地面，居然有一个立了起来，另一个是平躺的，大家目瞪口呆地，不知道该再怎么开口了。

今年的清明节，小小的墓园里涌进来了三四十位的亲人，许多未曾谋面的，几十年从不相往来的都来了，很是热闹。于是最大的长辈建议，大家聚个餐，互相认识，彼此交

【幸福港湾】

曾付出的爱，永远都在，

就算不被接受，就算被人遗忘，

也无法改变确实地存在。

因为无所求的爱，永远让人怀念。

虽然一切都会空，

但是没有爱，人老得更快。

流，也谈一谈在家乡怀念的人或事。于是大家就坐了下来，在自我介绍中，我更惊讶地发现，大家都用爱来连接遥远的关系，有许多前人的事，我们根本不知道：

“你妈妈是我姨婆丈的妹妹，当时我和哥哥因为考试，去借住你们家一个星期，虽然房子不大，但你妈对我们真好，无微不至地呵护，我还记得，那天突然下雨，她还带伞跑去考场接我们……”另一聚落也用这样相认：

“喔！原来你的二叔公，是我们的姑婆丈，有一次，帮我们家不识字的邻居写状子，帮他好大的忙，让他不至流落街头，到现在他还在感恩呢，我真以他为荣。”回首往事能拼凑完整的，其实不多：

“我记得有一次到台北的学校注册，书包与钱包都被偷了，你的大伯父，也就是我的二姨丈，二话不说，赶紧用摩托车载我去买书包，还拿出钱来先垫注册费哩，他虽不是富裕人家，也去世多年了，但至今还真让我怀念和感动。”

这些说不完的温馨故事，仿佛在定义着人的真实存在。没有人谈及先人们的成就，也听不到留下多少资产让他们享用。唯有人间互动的温馨，付出的时光，才是今日最美的回忆了。一个人如果没有心灵的家乡可以怀念，没有乡土与亲友可以认同，那是多么孤单和寂寞啊。

活着有什么意义？没有标准答案，可是能确定一件事：我们只有一次活着的机会。因为总有一天，一切都将消失，如同墓园中的祖先们，但祖德能留芳，最让人缅怀的，是那付出的爱与关怀，能千秋万世地留传。

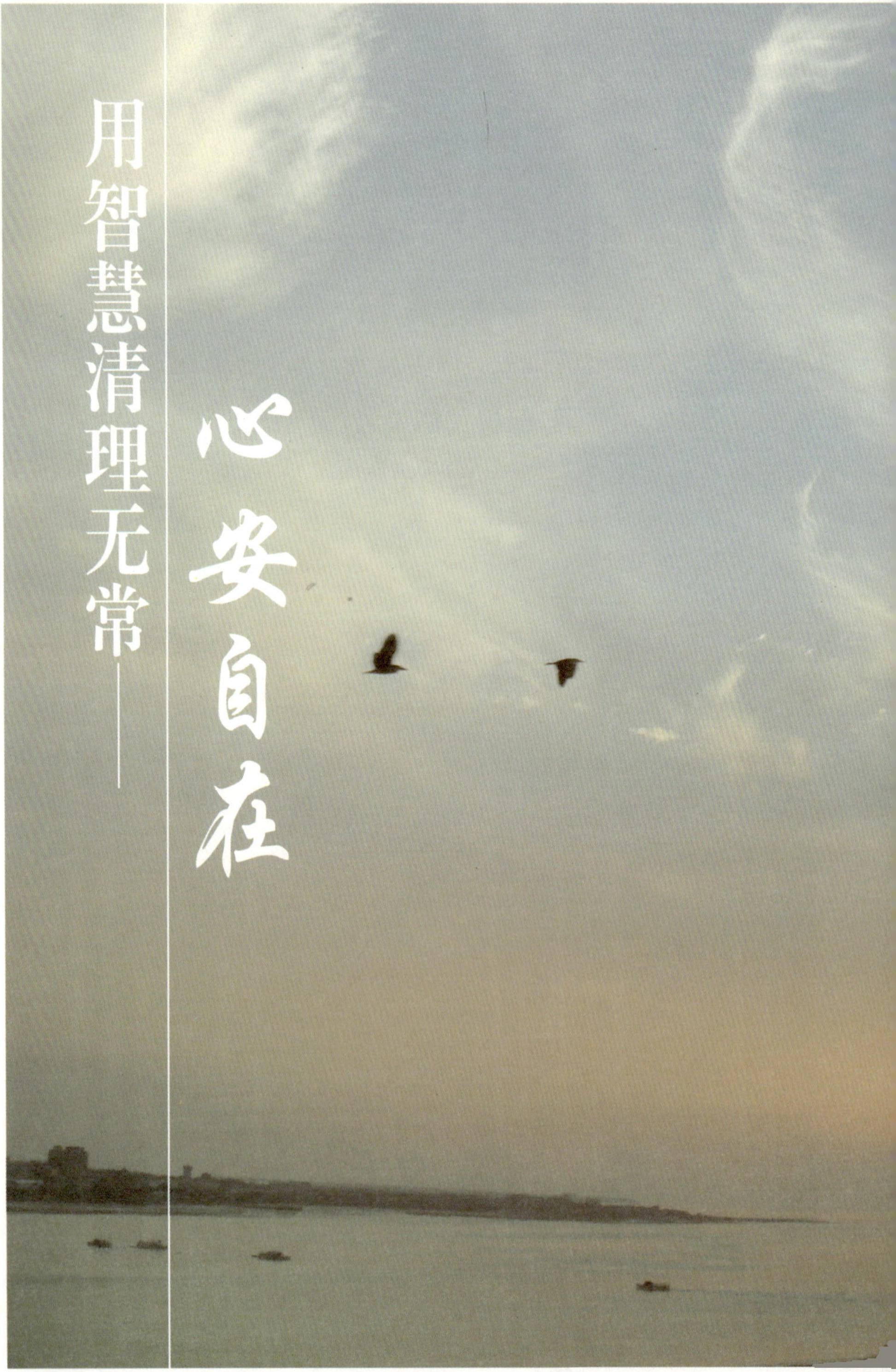

心安自在

用智慧清理无常——

HOTEL

穿越悲伤

一场车祸，丈夫竟意外往生的贵愉，因为去年曾经看过报道，有一位慈济的张师姊丈夫被精神病患打死，竟然可以放下仇恨原谅对方，而且仍然继续当志工，她在电话那端问我，她很想知道是什么力量、还有什么样的道理，可以帮助她减轻哀伤。

“我只是听说，证严上人跟张师姊说，一定要放下，不是嘴巴说说而已，要从心里做到放下，要舍去仇恨的心情，转而生出毅力与勇气，把生命用在更值得的事。其实愈不舍，亲人愈走不开。”我把我听到的转达给她。

她无法接受，很自责地说：“为什么是我？那天若不是我托他去买东西，也不会有意外，是否老天妒嫉我们夫妻感情太好，所以安排了一场永别的车祸，还留下孩子让我单独扶养。”听她无数次的自责与埋怨，于是我约她到联络处来聊聊。

窗外的雨淅沥淅沥地下个不停，当室内温度开始下降时，联络处的陈师姊，沏了一壶热茶给我们，瞬间清香四溢。黄师姊温和地问她："你有几个孩子？多大了？""一个儿子，读初中了。"她回答说。

"你很不错，遇到无常会想要去找寻烦恼的道理，因为智慧来自烦恼，你不会只在家里怨天尤人，而是充分思考生命，这样，你一定可以体会到生命最深刻的意义，因而找到自己站起来的力量。这也是孩子的榜样，未来无论遭遇多大的困境，人会有突破难关的潜在力量。"

黄师姊是从新竹来当志工的，她跟贵愉分享了一个故事。

黄先生的独生子在当兵退伍的前一天，因与救护车相撞而往生。而且在车祸现场，救护车司机竟然没有将他的儿子送到事发现场邻近的大医院，而是送到较偏远的小诊所。但小诊所无法处理如此严重的伤患，再接着转往大医院，就这样在一来一往的路途中，耽误了儿子急救的黄金时间，让黄先生与唯一的儿子天人永隔。伤心欲绝的他知道事故的详细状况后，极度气愤又哀伤地痛骂救护车司机，而且不惜动用自己的储蓄，准备好好地告上法院。

后来，他的女儿用一句证严上人的静思语："原谅别人，才能善待自己"，劝父亲放下仇恨。她对父亲说："弟弟的离开已让我们一家都痛不欲生，又何苦再让另一个家庭陷入愁云惨雾中。"在女儿一再的相劝下，黄先生这才放下采取法律途径的冲动。

可是，走出丧子之痛不是件简单的事，黄先生只要一想到儿子孝顺贴心的种种情境，心中就难免怨天尤人，升起错综复杂的情绪。尤其每当天色渐暗时，那些不满、怨恨、悲伤更是冲刷着心胸，无法入睡。自认为一生规规矩矩做人，却要承受白发人送黑发人的残酷缺憾，无法传宗接代，老天这样的错罚让他实在不能理解。原本就烟酒不离的他，意志更消沉，几乎三两天就会喝得酩酊大醉，身体也逐渐走下坡了。

直到有一天，他将小货车送到保养厂检查时，巧遇慈济志工郑师兄，两人聊起慈济，于是郑师兄邀约他一同做环保，希望他将小货车提供作为慈济环保车，他当下同意。之后，每周二、周六在竹南大街小巷，都可以看到开着环保车的黄先生到各个回收点回收，并还远到尖山环保站做资源分类。

没想到，“做环保，没烦恼”，黄先生从资源回收中体会到做环保的乐趣，原有的B型肝炎、糖尿病、高血压病情渐渐好转，这是意想不到的收获。

黄先生说：“没做慈济前，每隔一天就会喝五百毫升的酒，还曾因酒后驾车，而收到两次罚单的纪录。喝酒其实危

害身体、危害社会、危害大众，但一旦决定做慈济，我就要遵守慈济十戒。”现在他既不抽烟，也不喝酒了。

黄太太则更高兴地表示：“朋友、邻居，都说我出头天了！因为你的先生，做慈济后不抽烟，也不喝酒。他把时间用在工作及做慈善事，心情变得开朗又快乐。”

黄先生已走出内心痛苦的沼泽，他说：“行善，学习为别人无所求的付出，天天轻安又自在。这种生活是我内心一直潜藏着，要追寻的生活目标，终于让我找到了。感恩儿子在人生舞台上，不惜用生命卖力的演出，让我有幸走入环保行列，因戒了烟与酒，而得以回复健康，真的很感恩他。”

“为什么有些人说走就走，有些人却可以延长寿命？”贵愉还是不解。

“缘未到的，还在等，就会延长；缘尽了，要留也留不住。上人说，人生的剧本早已写好，缘分本来就打好契约。人与人之间虽有千丝万缕的因缘，可是这辈子的角色演完了，就要祝福他，赶紧继续演好自己该演的角色，生命的长短不重要，重要的是如何扩增它的宽度及深度了。”黄师姊解释说。

“所以我们一定有活下来的理由，是可以为孩子树立好的榜样。”贵愉释怀地说。

凡是能相信，就有走出来的力量。

【幸福港湾】

陷入悲观的情绪时，要提醒自己，
拥抱自己，天无绝人之路。
也可以大哭一场，
让内心得到片刻的休憩！
若还能感恩，
可以为别人举起点燃的蜡烛，
旁人会因此引燃他们的蜡烛，
得到光明。

赢回力量

这世间直叫人生死相许的，除了“情”之外，就是“钱”了。真有人选择自杀来逃避。殊不知自杀是触犯了天条大罪，对父母不孝、对天地不敬，杀人有罪，地狱无门，相信没有什么比这更恐怖的逃避了。

某个炎热的下午，玉贞师姊约我一起去探访被救助的个案，玉贞说他是位将近四十岁的男子，因生意不好，周转不灵，去讨债又遭对方羞辱，愤而喝农药自杀，他太太带他到医院急诊时，他不愿意洗胃，也不愿意打点滴，他一直叫着说：“让我走罢，我已经山穷水尽了。”他家中还有一个五岁的儿子。

看得出来，他的心境还没有打开，眉头深锁，他懊恼地说：“我没留钱给孩子，已经很愧疚，更不能留债务给孩子。”在我们抚慰之后，玉贞讲了一个故事，希望能帮助他解开心中绝望的绳索。

在彰化有一对夫妻，王康和蔡莺，正值事业与人生的高峰时，却因合伙人投资股票失利，让作为连带保证人的他们，一夕之间，二十年来辛苦打拼的事业，瞬间化成流水，原本拥有的两间房子也全被查封，不但什么都归零，甚至还负债千万元。

这个莫大的打击让夫妇俩白了头发，吃不下、睡不着，感到已经没路可走，所以把两个孩子托孤给妹妹，两人决心走上绝路，一了百了。

十几岁的大儿子听到他们的决定，非常明智地跟妈妈说："日子还是要过；我们不能再向后看，而必须要向前看，只要一家人可以一起思考、一起去面对的话，我觉得心态调整好，问题就解决一半了。"

听了孩子一席话，他们恍然大悟，原来孩子都已长大了。于是夫妻俩在儿子的鼓励下，打消走绝路的念头，决心面对合伙人丢下的千万债务。

活下来是很对的决定，可是还债的过程却很辛苦。为了加快还债速度，长达二年，夫妻俩每餐只吃三明治，除了开小吃店，做流动餐车之外，还兼做保险，劝人以备不时之需及加速还债。

清晨天还没亮，蔡莺就开始在厨房里熬煮豆浆，补充各类酱料，之后还得去买菜，包便当、送便当。而个子不高，心脏也不好的王康，则天天把食材一趟又一趟地从二楼搬到餐车上。蔡莺每天切菜，往往切到拿不起菜刀来；王康则负责炒菜，右手常常炒到需要看医生；疲累的他常吃馒头果腹，有时馒头还在嘴巴里，人已睡着了。

无论寒冬酷暑，夫妻两人一年工作三百六十天，只有过年放五天假。超载的工作量，让他们满身疲惫，心底还是非常痛恨合伙人毁了他们的事业，而且还让他们被迫偿清债务。王康常咬牙切齿地说："我受够了，这个人不要被我遇到，我一定一刀捅死他。"还好有妻子与孩子的互相鼓励，逐渐清理了无穷尽的怨恨。

就在他们最困顿、最潦倒的时刻，台湾发生了"九二一地震"，让他们的人生有了大转弯。从电视上的灾难画面，看到太多人一夕之间家破人亡，什么都没有了！他们体悟到，原来人生的苦，是没有办法比的，他们虽然背了一些债务，可是身体还健在，全家也都平安，只是要非常努力工作罢了，当下生起感恩的心情。尽管经济还很困窘，他们在街上找到慈济的师姊，将他们身上所有的钱投入爱心箱，让大家都很感动，于是也力邀他们加入慈济募款行善的工作。

当蔡莺第一次去募款的时候，竟有朋友对她说："你现在这么苦哈哈的，跟我收功德款，会不会自己拿去用？"当下她很难过，差点哭出来，泪水往肚吞下后，她跟自己说，如果放不下这些，永远会走不出来，于是她把心境转换过来，继续努力。

儿子眼见中年的父母每天凌晨三点就起床，一直工作到晚上，工作量远远超过体力的负荷，心中觉得很难过、很不舍。他认为他的爸爸很伟大，为了家人不顾一切，奋力谋生。妈妈也改变很大，突破了很多的观念与想法，变得更容易沟通，儿子悄悄地发愿，一定要努力读书，将来好好孝顺他们。

有一天，他们看到上人的静思语："一个人面临绝境时，还能心存感恩很是难得。永保感恩心付出的人，比较不会陷入绝境。"他们转变了观念，开始感恩那位合伙人，是他留下债务，他们才能结束享乐、游玩、美食的日子，走进善门，

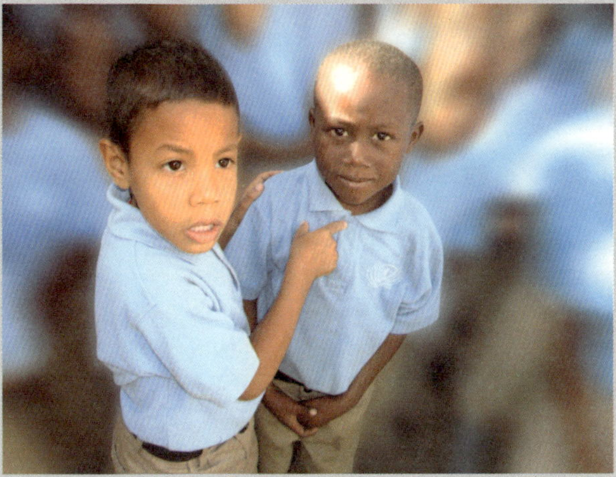

【幸福港湾】

接受自己有所不能，臣服自己的处境，

失败了并不可怕，

可怕的是永远站不起来，

别人犯错并不可怕，只要能宽谅别人，

才能走出焦虑，面对问题。

请再给自己一次机会，

免费就能赢回自己的力量。

学习感恩与知足，简单纯朴过生活。王康还以合伙人的名义捐款，祝福他也得到善果。

现在，王康已能体谅地说：“每个人都有犯错的时候，谁不希望得到对方的原谅，我也祝福我的合伙人能早日找到善知识、改变人生。”

十几年了，他们依然每天开着小发财车，忙碌着做流动早餐的生意，债务虽然尚未完全偿清，但此刻的心境，已别于当初，不再痛苦烦恼。过去物质生活富裕时，欲望多，烦恼也很多，现在做小生意，生活简单，反而感觉很轻安、很快乐。

更让他们没想到的是，这些年来，全家人共同打拼的过程，让家庭充满了凝聚力，有着旁人很难体会的骄傲。在身教中，他们为孩子立下了典范，让孩子学习到，有勇气为自己负责，对人生的境遇无怨无悔。

“这样的生命经历带给孩子的，要比世界上所有的银行存款，更为丰富，相信孩子所得到的，这一生已受用不尽了。”玉贞借机转变他的观念。

“人的境遇是得或失很难说，但是只要留得青山在，相信会有无上的力量与奇迹，也是孩子最好的榜样。”我也赶紧补充说明，他的太太在旁悄悄地落泪。

他则感恩地说：“你们这些话，好像提醒了我，寻死反而对孩子造成更大的伤害。我不能逃避责任，再也不能寻死了。”他已转移观念，不再被愤恨难平给困住了。

最没气概的人生，是想伤害自己的做法。死亡也不会是结束，而是另一段生的开端，带着业因，延续着没完没了的另一段路罢了。

宽恕是礼物

六七年级的新时代女性，大多数是父母的天之骄子，但是很有自己的见解，在某次我听到李小姐的分享后，让我想起了哲学家克尔凯戈尔说的一句话："生命只有走过才能了解，往前看才活得下去。"她那走过世间事的经验，有时候不一定是与年龄成正比的。

李小姐是新时代独立自主的新女性，期许自己要认真、有规划地过生活，于是订好计划，结婚前要先购置房子，才有家的安全感。可是房子买不到半年，尚未入住，男朋友就提出分手了，让她伤心欲绝。情伤的挫折让她痛不欲生，工作又不顺利，房贷几度付不出来，常以吐司面包果腹，但是为了诚信，不让作保的朋友受牵连，母亲与姊姊支持她，陪伴她一起度过经济困顿的时期。

情绪低落的她足不出门，把自己闷锁在家里，整天守住电视看，足足看了三个月的大爱电视。出乎她意外的是，许多剧场中的人物，不仅接受逆境的考验，而且一而再地原谅对方，比她更悲惨的处境，都可以因原谅而走过来了，她深受感动，痛哭失声，所谓“天作孽犹可违，自作孽不可活”，慢慢地，她也逆转了心境，原谅了男友的离去，让自己重新振作起来。

走出情伤，她雄心满载地重新找工作，为了增进自己的企划能力，报名参加了在百货公司举办的讲座。在某个夏日的黄昏，她开着借来的车，为了省停车费，把车远远停在一处尚未完工的建筑大楼旁，没料到，已许久不逛街、不购物的她，难得去百货公司听演讲，却成为歹徒抢劫的目标，更糟的是，她身上只有六百元和一张仅存二十二元的提款卡，满足不了歹徒的需求，于是歹徒临时起意，把她绑架了。

她回想当时的心境：相信歹徒的心中一定很呕，守着车子等到的目标竟然比他还穷。于是歹徒就将我绑手绑眼，把我掳走载到彰化，关进工厂的仓库里囚禁，要我找人汇赎款。当时我还很镇静，我告诉自己得马上接受被绑架的事实，不哭不闹才能保住自己的安全。在确定他们暂时不会伤害我的情形下，就这样借故打了十多通同事的电话，用各式各样离谱的谎言，暗示他们："我被绑架了，暂时没有被侵犯！"后来被迫中断了通讯十一个小时，我能够想象这些亲友们的焦急，我难过地偷哭，被胶带贴住的双眼更加酸涩。我告诉自己，看不到的这个世界，耳朵就是我的眼睛。于是，我开始感受我所坐的椅子、我所踩的地板、我所搭的车子、我所等待的时间……每次下车，我数步伐、数时间，尽可能记下每一种感觉，因为我想回家。如果能够回家，记得这些感觉就是很重要的事情。我要我的耳朵分辨音源、判断

方位与远近，甚至引擎声让我记住歹徒骑哪一种机车。心里虽然想着许多的人和事，但最重要的信念是，我一定要回家，只要能够回家，才能给爸爸一个平安回来的我，当生日礼物。

被绑二十四小时后，歹徒仍然无法顺利提款，我的心情真是沉到谷底。我恳切地与歹徒沟通，并诚恳地诉说自己也是负债累累，但是我相信只要活着、努力打拼、有诚信，债务终究有还完的一天。在进行沟通时，我也说明自己的价值观里，家人与朋友是第一顺位，钱再赚就有，因此我的亲友们绝对愿意用赎金来交换，请他们不要杀我，不要伤害我。也许是启发了他的善念，或许是家人去筹借了几万块钱给歹徒，虽然当时的款额还没达到他要的数字，但在我度过了最漫长的四十多小时后，歹徒改变心意，提前放人了。可是不到三天，绑匪就被逮获了，因为我把当时用耳朵和眼睛的余光收集的资讯提供给警方。可是了解个中原因后，发觉歹徒平日其实是个好人、好父亲、好老板，只是一时糊涂，为了跑头寸，与他的小舅子，在善念与恶念之间，做错了选择，临时起意抢劫，而且也是初犯。我听到后，很能体会

【幸福港湾】

意外是无常，难以预料，
人也有难以预料的强悍力量，
因此不会被击倒，
反而会得到珍贵的启发。
宽恕是给自己最幸福的礼物。

跟自己一样窘困的歹徒，只是我选择勤俭克己，努力赚钱，他们却选择出手夺取，一样的穷困，不一样的抉择，在生活的挣扎中，就会有不一样的结果了。

回到家的日子，恐惧与不安的阴影笼罩着我，躲在家里，父母亲更是时时刻刻地陪伴保护我，深怕再次失去我。与警察做完笔录与见证后，我跟父母亲说，我不能再关闭自己了，这样更难走出来。看多了大爱台的故事，我知道必须多接触人群，才能结好更多人缘，才不会活在恐惧里。因为我相信一切都有因缘果报，希望能放下恶缘，转成为善缘。于是我通过警察传话给他，我已原谅他，请他以后好好重新做人。绑匪听说后痛哭失声，也传话对我说对不起，他一时的错误，毁掉了自己一生，请我原谅他，他愿意无悔地接受法律制裁坐牢，但很真诚地想说道歉，千万声的对不起。

李小姐很感恩自己能活下来，平安就是最大的福了。她也想回馈老天，于是找一个团体当志工行善，没想到，因此让她彻底解脱了阴霾，释放了所有负面情绪；世上已没什么可以计较的了。她现在是很活泼热忱的慈济志工，也应征到大爱电视台服务，希望能帮助更多穷困的人，去寻找自己的力量。她觉得媒体是最好的传播教育，当初也因为看多了大爱电视台的故事，才有力量走出情伤，走过被绑架的恐怖阴影，因此她投入媒体的传播志业，相信这些因缘都是要她来帮助别人免于恐惧，找出成长的力量。

每次听到“温暖满人间”的歌曲时，她都会感动落泪，因为在歌词里，有被陌生人帮助的感动，她坚信无论对任何人，只要学习宽容与付出爱，天地自大，人世间到处可体会到老天欣喜的回报。

许多心理学家的文献里，都有研究发现：去帮助别人的同时，即使再难处理的痛苦，都会被清理而消失。

人生的遭遇很无常，恐惧会束缚自己，唯有宽恕才能解放世界，那真是人们给自己最幸福的礼物。

心净、净心

有时候，人会有错误的自我认知，以为只要做的事是对的，就不需得到所有人的认同，也不必对全世界喊话，但却忽略了周遭的人事物，其实都是我们的老师。

某次朋友的告别式，我没被通知，大家都到齐了，唯有我没参与。事情过后，我一直带着“闷闷不乐”的心情，觉得是别人的故意漠视，愈想就愈生气；愈有气，就愈没有力气去处理其他的事，负面的情绪困守着我，让我无法心平气和。于是我写信给在新泽西的好朋友虑瑢师姊，向她吐吐心中的怨怒，希望自己能消气，而不会再伤元气。可是她回我的信如下：

那天返美的机上，看到北极光带状而模糊地呈现在机舱外，机舱内，几乎所有的人都安静地走入梦乡，空中小姐好心地告诉我，大家都已入梦，我是唯一清醒的旅客。她说:“很多人花很多钱跑到北极看北极光呢！此航线也只有在每年的这段时间才能见到。”慢慢地，飞机越过北极光，又进入黑茫茫的宇宙中了。

这些日子来，心中一直五味杂陈。想想世间的灾难不断，佛经上说“成、住、坏、空”，眼见灾难一波、一波地来，而万物之灵的人类，却是招架无方。心灵的灾难不也是如此，常为他人的一句话，掀起的却是一把无明的心火，而这把无明火，正是我们修行的障碍。

返美前，有位师姊气冲冲地跑来责问：为什么此次活动，她没被排在功能组中，是否对她有意见？平常是否就看她不顺眼了？其实功能的调配，往往不是我的职责，突如其来的指责，让我心里很不舒服。

此刻看着机舱外仍然是黑漆漆的天空，想着白天的这件小事，不禁自己笑了起来，平常上人的教诲，却在临用时忘了：“有些人常常起烦恼——因为别人一句无心的话，他却有意地接受。”

像我被师姊的一句话，耿耿于怀地压在心中，久久无法放下、忘怀。

【幸福港湾】

在团体的活动中，
可能很难分辨真正的是与非。
因为众生本来就是未来佛，
这人世间就是我们共修的道场，
系缘修心，藉事练心，
是所有的修行本质，
让我们不舒服的敌人是「无明」。

我们有缘，从台湾千里迢迢地移民到美国，又因缘具足地同入慈济门、同为上人的弟子，这是多么不可思议的因缘，而我们却不珍惜此千载难逢的因缘，而起烦恼，枉为上人弟子。

机舱内是一群素昧平生的乘客，安静地走入自己的梦乡，而我有幸目睹难得一见的北极光，虽然无法留住此光景，却也是欣赏过。人生岂不如此？来趟人间都是有因缘、有使命来的。我去过灾区看过太多的苦难：从中南美、东南亚、大陆，甚至侨居地的美国，有天灾，也有人祸，自己能做一位手心向下，帮助别人的人，是多么有福啊。而自己却是一时心灵碰上土石流，不只是自己障碍了自己，跟自己过不去，也愧对上人的教诲，人家轻轻的一句话，我们却重重地压在心上。

自称是万物之灵的人类，常常夸口要征服全世界，但是在浩瀚的宇宙中，只不过是沧海之一粟，何其地渺小？此生能生为人，是多么地不容易，又能得闻佛法，是多么殊胜的因缘，能在上人座下闻法听道，更是累生累世的好因缘，岂能不好好地珍惜呢！来人世间就是要来结好人缘的，心净则国土净，放下就自在，有什么过不去的呢！

看信后我很忏悔地放下了许多情绪，她真是我的善知识。

于是来到环保站，弯下腰，来回捡拾破铜铁皮时，也同时重新省思自己在每次的活动中，所说过的每一句话，发现自己也常有说错的话，让人不舒服的地方。自以为样样通，其实是样样松。律己宽，待人严，总是去看他人的过失。告别式没被通知，他们已代做好，就该感恩。别人的冷漠并不可怕，可怕的是自己的无明，真正该惭愧的是自己，因为有了“小我”的执著，才会有情绪。也是因为弯腰，让我知道要谦卑了。

上人曾说：“要原谅一个无心伤害人的人，不能做一个轻易就被别人伤害的人。”想通了，于是赶紧打电话向他们说感恩。

除非成佛，所有的“人我是非”的修练是不会停下来的。

用耐心清理繁琐——觉观自在

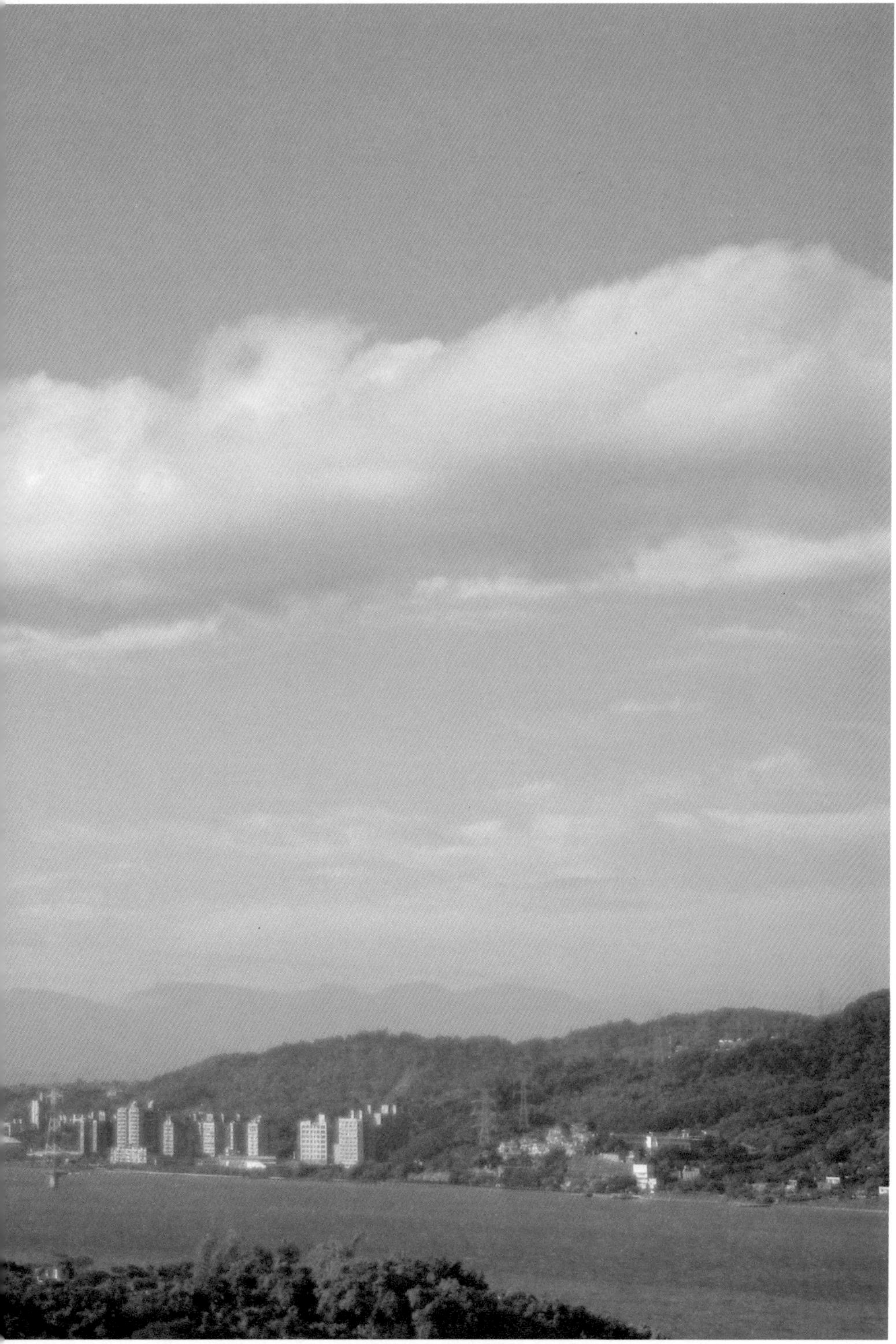

福不可受尽

去年秋天，秋凉气爽，我们八位还活在地球上的老同学聚会，平常大家最爱谈的老调是孩子们的成就与孙子们的可爱，还有诉说自己身体的病痛经验。可是这一次，老赵决议来一个主题：谈论自己人生的失败经验，问题得到解决的方法，或是还在伤脑筋的问题，让同学们提出一些处方、偏方，这样的聚会一定另具意义。

可是大家虽然答应了，但问题是记不起来的事情，实在太多，也许很难拼凑。可是我们这群超龄的熟男、熟女，还是要努力找出有可以存活下来的宝贵经验。于是大家正襟危坐，开始挑选顺序了。

晓真首先建议："我们最好能整理出哪些痛苦是不必要的，这样的改变，是否影响了未来？这样才不会失去主轴。"

"喔，你这股票分析师告诉我们，什么时候下车才是高点，这是最受用的主题啦。""喂，我们好像又回到学校要交毕业论文了。”大家议论纷纷。

“这种事，我儿子最厉害，交给他不出半个小时……”

“我女儿的论文还得过奖……”

“好嘛，好嘛，人家叫你说什么，你就说什么，你的说法是没问题，但脑袋要检查……”

眼看话题又要转回老生重谈了，好强的薇妮先发难了：“那就由我开始吧，笨鸟先飞，我目前与孩子的关系正在破裂边缘，也许大家可以给我一些建议，但不要责怪我，我知道我错把他宠坏了。不可以再说我不好，只求你们给我建议就好。”很令人惊讶，需要求助的怎会是女强人薇妮？大家惊讶地安静下来，终于看到光鲜亮丽外表下，薇妮深锁的眉头。薇妮慢慢说起了自己的烦恼。

我的亲生儿子，从没让他吃过苦，把他拉扯到大学毕业。当年他很爱吃苹果，我想办法买整箱进口的日本苹果；他功课不好，我甚至请家教来家里住。我还请了出租车司机长期载他上下课，他的衣服几乎都是名牌，他像是我们家的小国王，一切的享受都是最高档的，他的父亲都没有这样的待遇呢，而他也很黏我，回家看不到妈妈都会很焦急。可是自从他认识了这个媳妇后，一切都改变了，他只听她的，她说了才算。刚开始我是很反对他们结婚的，可是实在不忍心，看到儿子左右为难地忧伤，我也不得不同意了。可是她结婚的条件是搬出去住，我想如果出去租房子，还不如买个房子给他作为结婚礼物。于是他们很高兴地搬进去新房子。婚后有一天，我去看他们，房间乱七八糟，我就动手帮他们打扫清洁。媳妇一直说很抱歉，因为上班没空整理。看到儿子饮食也不正常，很不忍心，所以我又帮忙煮了一桌菜，才回家跟老公吃剩饭、剩菜。

隔了一周，我看到他们家一样凌乱不堪，我又动手整理，顺便念了他们一下："保持整洁的房子才会感觉舒服，才能舒解压力，充分得到休息。"

没想到，儿子竟然对我说："妈，您来了，反而让她感觉很不舒服，好像她什么都没做对，她有挫折感耶。"

"那是说你不需要我来整理哦！"

"偶尔还可以啦，妈，您知道我们都很忙，也没空招呼您，所以觉得压力更大。"

“那你以前那么爱干净，现在怎么受得了？”

“妈，您没听过吗？爱情的力量是可以改变一切的。”于是我按捺下火气不说了，我以为儿子是暂时被爱迷惑了眼瞳，总有一天他会看清状况的。隔了一个月，我去探望他们，一样不变的脏乱，这次我不敢再说什么，只能赶紧默默地打扫，只擦亮所有我买的高档家具。他们也没说话，媳妇径自躲进房间，儿子也只顾着看电视的运动节目，连说再见也不转头了。回家后老公说我很自讨没趣，可是我认为以后我们都会变老，他们会有孩子，现在不以身作则，将来他

们怎知道家是需要整齐清洁的呢？隔了一个月，我又去他们家了，门打不开，打电话才知道，原来他们换了锁。

儿子说："妈，您先打个电话才来，好吗？我们好有个准备。"

"你们需要准备什么呢？房子是我买的，从来也没在你那儿吃过饭，脏乱也是我这台佣在打扫，我不知道你们还需要准备什么？"

"妈，是我们的心情需要准备，她也拼命想赚钱要自己买房子，她也很有志气，觉得住您买的房子有压力，她不想增加你们的负担。"

"我去帮忙打扫有错吗？帮他们买房子也增加压力了吗？这是什么自欺欺人的志气嘛，完全没有商量的余地，一切的算计只是想摆脱老妈而已。疼儿子是错的吗？"说到这里薇妮的情绪崩溃了。

老同学们议论纷纷："儿孙自有儿孙福啦，想也知道她想跟婆婆抢儿子啦！暂时借她不就没事了！"

"现在是嫁出去的儿子，泼出去的水啦，想要吸回来会变祸水的，尽早放生彼此才能乐活。”

“她这么有志气，就把钱通通要回来自己享受算了。”

“我们这把年纪一定要有尊严地跟年轻人相处，我才不去委曲求全。”

“你现在只有两条路可走，继续去自讨没趣或保持距离，也许后者的路会让彼此快乐多一些。”

“不行，我不甘心，我是受害者，我怕有一天我儿子怎么死的，我都不知道。”这是薇妮解不开、不能放心的情结。

“上帝听到一定会叹气，人们总是老得太快，却聪明得太慢。孩子都宠坏了。易经上说，福不可受尽，受尽则缘必孤。”老赵很爱调侃。

看我都没发言，晓真指向我：

“嘿，这儿有慈济的师姐，你们上人怎么说呢?”我搜寻了一下脑袋的资料库。

“上人说，对子女要放心，他们才能安心。错在哪？怨在哪？一切只是观念而已。人世间并没有对与错的问题。而且你只爱儿子一个孩子，太少了，如果你的爱有一百个孩子，他不爱你，但你还有九十九个孩子可以爱啊，你就不会

【幸福港湾】

金钱买不到永恒的快乐，
也不一定买得到亲情的爱。
能保护孩子的不是一栋屋子，
也不是我们的爱，
而是生命正确的价值观与方向。
给自己孩子享太多的福报，
累积的一定不是幸福的点数。

那么痛苦伤心缺爱了。何况人的生死，早已注定。母亲的担忧只是增加孩子的不孝之罪，不如祝福他，你再去多爱其他的孩子。”

“哪里有一百个儿子可以爱呀？”薇妮不可置信。

“如果你能学习天下的孩子都是你的孩子，不分种族、不分国界，到处都有受灾难的孩子、没钱读书的孩子需要被爱，需要被帮助，把爱扩大，以爱自己孩子的心来爱别人的孩子，而以菩萨的心来爱自己的孩子，当他有需要时才去帮助他，就好了。”

“听起来，我们的视界是太狭小了，那薇妮还该做些什么呢？”晓真沉思。

“多爱自己，为自己多做好事，多给自己好的感觉，那他们才会感受到你的爱与你的信心，而会觉得你有可爱的地方，可以学习，而想亲近你，而不是像个债权人来讨债。”

“对啊，女人其实是可爱才感觉美丽，而不是美丽才感觉可爱的。”老赵又插嘴了。

“遗憾得很，我并不想当美女。”薇妮反驳，“拜托你别吵，我想再听慈济的师姊说。”

“你能改变，事情才会改变，你们才会有新的关系。而且俗语说，祖上有德，可以庇佑子孙。多种子孙的善因，他们就知道孝顺了。”我诚恳地说，希望薇妮的烦恼能够从此放下。

婚姻的修行

生命充满了变数，随着岁月的增加，最稳定，不必再接受选修的应该是婚姻了吧？没想到，晓真却低声告诉我："亚君又要离婚了，这已是第二次的婚姻了耶，要不要给她关心一下？"难怪，气质清秀高雅的亚君，眉目间却锁着忧伤。婚姻对女人来说真是一场考验，一再的分手，不只令人扼腕，必有更多的神伤。

亚君也许感觉到我们的谈话，于是发声了："我又要离婚了。虽不是好事，但同学录上别再冠夫姓哦。"晓真问她："孩子们都赞成吗？""两个赞成，三个反对！"

"老伴，老伴，老来伴，不再考虑一下吗？"晓真坚持着热诚。

"我的第一次婚姻是因他爱赌，赌债让我受不了。这次是他喜欢在外搞三捻四的，与其冷漠不沟通，不如放开彼此的自由，也不用再牵挂。"

“他从以前就这样，不是吗？都十几年了，那你怎么现在才想离婚？他也赞成吗？”

“错在他，当然随便我，以前是为了孩子忍耐，现在是愈想愈不甘心。也许是缘分尽了，我没兴趣再与他有任何牵扯了。”

“有孩子在，不可能以后都没牵扯吧。”

“结婚的餐宴上，不是都有大龙虾吗，那就是说彼此要装聋跟装瞎呀！”老赵不忘幽她一默。

“这世间会有人像我这么惨，一直装聋装瞎，当听障、当视障十多年，到孩子长大吗？”亚君问我。

“当然有啦，重要的是如何走出自己的天空，才不会让不甘心的情结，一直打结。”

“你们慈济有没有跟她一样的人，怎么走出来的，让亚君参考怎么做会比较好呢。”晓真助人到底地问。

“有啊，我身边听到的，就有一位叫小玉的小姐和先生谈了七年恋爱，在谈恋爱期间，男友同时还有其他女朋友。”大家凝神聚听了。

有一天，男友问小玉："如果结了婚，你会和我父母一起住吗？他们需要有人照顾。"她反问："你们家兄弟姊妹很多，为什么一定要我和他们同住？"他回答："如果大家都不愿意，老人家要由谁照顾？"她欣赏他的孝顺，于是同意了他的要求。

娶她是因为她答应帮他照顾父母，听说当时他有四五个女朋友，可是她始终相信，孝顺父母的丈夫一定不会变坏。

欢欢喜喜地嫁入夫家，她才发现压力更大了。小玉没有读大学，但是大嫂、二嫂，甚至于弟媳，都拥有高学历，而且都在上班，所以只有他们和公婆住。兄弟们每周六、日都会回来家聚，此时她不仅负责煮饭做菜，连饭后的收拾清洗也都是她一个人理所当然地做，其他人只负责聊天。

她从小就看着母亲把好东西留给公婆、先生和孩子吃，自己则只啃鱼骨、用菜汁拌饭吃。母亲的身教，让她学会了礼让、懂得勤俭，而且无怨无悔。

可是，当她听说先生带着女友去巴黎玩，她受不了了，每天强忍泪水，背着年幼的孩子在厨房洗碗做羹汤，愈做愈不甘心，常打破碗盘。有一天，忽然听见公公说话了："为什么都是小玉在做家事？"婆婆却说："有人做就好了。"公公又不平地说："我们家真是没家教！"当下，小玉的泪水再也忍不住汩汩地流下来。妯娌们从不帮忙洗碗筷，有时候心里有些不平衡。可是听到公公为她打抱不平，她再也没有苦楚了。之后，每当她在做家事，公公偶尔会站在后面说："不好意思，都是你在做。"那是一股非常大的抚慰力量，让她感到生命的温馨与甘甜。有时

候，公公甚至说："将来我会多留一份财产给你。"她其实并不在乎遗产的多寡，最感恩的是他在背后的关心与支持。

凡事她都忍下来了，唯有先生的外遇，让她咽不下这口气，吃不好、睡不安，经常找他吵架，结果愈吵，他愈不想回家，她愈伤心，她知道再这样持续下去，自己一定会生病。

郁闷的她，遇到了慈济，有一次听见上人说："丈夫丈夫，一丈以内是丈夫，一丈以外就马马虎虎。多为别人付出，才能得到欢喜。"这句话她思考了好久，那是一种收放的智慧，当时小玉为自己的学历很自卑，曾经听到上人说，不识字，没关系，懂理就好。于是她下定决心当志工，让生活变得忙碌，不再只把心思放在先生身上。也因为常做志工，脸上笑容变多了，也不再找他吵架，她体会到柔能克刚，她以前理直气壮，得理不饶人，使他变得麻木不仁。现在她接受了慈济师姊告诉她的因缘果报观："前辈子没有因缘，这辈子也不会遇到，还是用欢喜心接受，了结因缘；不甘心，下辈子可能会加重利息偿还呢。"

【幸福港湾】

恋爱靠爱情，婚姻靠经营，
恋爱看的是对方的优点，
婚姻却是要包容对方的缺点。
在婚姻关系中，都有相同的人生课题；
信任与宽容，付出无所求，
才能以德服人。
不甘心的情结，只会让生命疲惫。

于是她把心放得很宽，和师兄姐出门一起去帮忙回收瓶瓶罐罐。反而让先生忍不住好奇："你现在怎么不管我了？"

她还会用道理告诉他："自造福田，自得福缘。你如果要出去造业，也是你自己的事。"终于，他看着她逐渐地改变，也半带好奇地陪伴她参加各种志工活动，慢慢地，他开始另眼相看妻子的志工生涯，也慢慢有了不一样的价值观。

直到有一次她去当医院志工，在病房区服务，交接时，师姊提醒她："你要小心哦，这位老太太会动手打人，所以护士把她的两只手绑起来。"

"为什么会这样呢？"师姊说："可能是先生当年的外遇，让她陷入极大的痛苦，到老了还是想不开。这几天她一句话都不讲，家人也很少过来探望。"看到这位老太太，终生痛恨着先生外遇的迷失，如今即使年过七十，却仍然不甘心，以致精神上出问题，见人就想打；日渐苍老的生命，一身的病痛，只剩孤独与惶恐相伴。

小玉回想当年，还好自己能从不甘心中苏醒过来，不然，她就是明日的我，她已找到一条快乐之路，学习志工精神，重新思考生命的价值，不再用别人的对待方式来决定自己的情绪。更欣慰的是，自己的改变也让先生体会到新的人生观，于是，他们的婚姻剧本，立即转了弯，往幸福的方向稳定行去。

“如此一来，亚君该不会想离婚了吧，事情总有转机的。”晓真虽乐观地劝说。但只听亚君说：“可以再考虑一下。”

再痛也要笑

晓真眼看大家的话题僵住了，于是说："听说老陆的儿子，在大陆新买了一座庄园，大到吓死人，开车绕一圈足足用了三个小时!"

"嗯，以前我也有这么一辆破车，从家里开到隔壁巷也是花了三个小时，前轮到了，后轮还在车库里。"老赵不忘爱开玩笑的本性。

沉默不发一言的陈云武，终于开口了，"可是老陆往生了，你们知道吗?"

"啊，他不是一直在照顾洗肾的太太吗?""是照顾十多年了，老陆往生前曾说过他很累，无论怎么做，太太都郁闷不欢，也没有康复的希望，所以他很累了。"

"古人说久病没孝子，不过也听说过，常是照顾的人，反而会先离开，是否因为太过疲惫，或感染了病者的情绪?"老赵最爱分析道理。

“是啊，疼痛是会传染的，病者身痛，周遭的人感染的是心痛。”我说。

“那志工在照顾病人时，用什么方法帮助改善病人的疼痛呢？”晓真问道。

“我们的医院志工，也常常要劝导这样的问题，我听过志工师姊，用这样简单的方法，改善了病人的病容。”

有位先生推轮椅带太太来医院，却不是来看病的，那位先生悄悄地拜托志工：“每次我太太住院，我都会陪她一起入院。因为她身体有病痛，心情就痛苦不堪，她才刚出院三天，就在家里痛三天，心情一直郁郁寡欢的，我不知道怎么劝导才好，怎么说都不对，我也很痛苦，所以带她来，想请求你们帮她打开心结。”于是志工赵师姊走过去，蹲在太太的轮椅旁说：“太太，你怎么愁容满面？眼眶还盈着泪水，你怎么了？”

她用虚弱的声音说：“我真的痛得无法忍受，这你没有办法体会的。”赵师姊抚着她的手心疼地说：“看到你痛成这样，你觉得痛，我的心也会痛。要不要将心态改变一下，上人说心要想好事，疼痛自然会减少。”

仔细环顾她一下，发现她固定上半身的铁衣没有穿好，因为她的颈椎开刀，所以必须穿上铁衣。于是赵师姊告诉她：“你的铁衣一定要穿正，否则会加深疼痛，请你先坐好，我帮你将铁衣重新调整。从现在开始心要转变，想着自己一点都不痛哦。而且想痛快痛快，疼痛就会快快过去。”

她哀怨地说：“你都不知道，我已经开第四次刀了。病情已经很不好，才会动四次手术，四就是死，我看我也活不久，就要死了。”

“怎么会是这样呢！四次就是‘事事如意’！我帮你肤肤，从今天开始就会平安无事。上人说：‘口说好话、心想好意、身行好事、脚走好路。’就能事事如意耶。脸要笑，一笑喜神、善神才会来，心也要发好愿，起欢喜心，病痛才会消除，你看你开心，你老公才会开心，全家都开心，那么就会有好事发生哦。”

她终于停止啜泣。“好啦！你要开始学笑。来笑一个。”她笑的时候脸颊有浅浅的酒窝，“你笑起来真漂亮！”赵师姊将那位老公也拉过来：“你看，你太太真的很漂亮。”他俯身看了一下，也附和说："对啊！我老婆笑起来真的很漂亮。"

"你很有福气，有这么好的先生陪伴着，真是幸福！"

她开心地露出笑容说："师姊，感恩啊！我其实也很感恩老公的陪伴，我现在觉得轻松多了。"旁边的老公也眼眶盈泪地笑了。

"所以不断的关爱与鼓励，用言语与行为的表达，都是疼痛病人的养分，也是疗愈病人不快乐的处方。"

还有一位环保志工，她是多年的糖尿病患者，但不论天

雨阴晴，从不缺席去环保站做志工，甚至不慎跌断了臂膀，置换人工关节，仍然用一只手做报纸分类。后来检查得了乳癌，乍闻噩耗，她说："好像被雷公打到，整个人都转变了，亲戚要来看我，我也不要，自己就像疯子，真的没办法接受。"她的儿子鼓励她继续去做回收，"因为心情越不好，病情就越差。"

化疗之后，头戴布帽子来到环保站，她想通了："无缘无故患这种病，我决心不理它，不烦恼它了。"所以每天一到环保站，就开心地与人打招呼，"大家好！"她的出现，也给环保站带来欢乐的气氛。

这位环保志工说："一直做，一直起欢喜心。想说我这个病，不知道还有明天或是什么时候？反正我就是一直做。"这样一路走来，也五年了，她有所感悟："我若没来这里做，可能在那边睡觉，在那边烦恼。第一个，光是烦恼就先把我烦恼死了，再来，自己吓自己就吓死了。不如不要怕，提起勇气，勇敢踏出来，踏出来做有意义的事。"虽然她的手还会麻，脚还会抽筋，她还是直率地说，"有没有意义我也不会讲，我就要出来做，做到自己开心不会乱想。"她常告诉大家，“做环保没烦恼，大家来做环保，没烦没恼，身体才会好！”就是这样，她没有病容，只有面带笑容。

“证严上人曾说：痛苦也是一种表情，欢喜也是一种表情，何不用欢喜的表情带给别人呢。”我深有体会地说。

晓真也想起一段好笑的故事：“听说法国有一家医院，有位医生异想天开，有一天早上，他把所有的病人都集合到大厅来，请大家大笑四十分钟，实行一段时间后，多位病人的病竟然不药而愈了。”

台湾的医药费用，虽然不贵，但健保部门已不胜负荷了。常笑保健康，疾病最喜欢降临“笑不出来”的人了，如果能每天开怀大笑三次，也许可以减轻健保部门的负担了。

【幸福港湾】

没安全感的人，常不顾虑别人的感受。
不断显露出的痛苦，感染给周围的人，
带给他们不公平的心痛。
每天笑口常开，
会让喜神与福神、健康与平安一起来。

信任与原谅

那天在路上拦出租车，我选了一部司机看起来较和善的车，搭上车时，接到刚回国的朋友来电，问我卫星导航机(GPS)哪一个品牌较佳，我给了他几个厂牌让他选，挂断电话后，前面开车的司机，便很感慨地说："上次载的客人，坐在后面，居然用地图导航机向我指挥路径，刚开始我很忍耐地配合，但是当快到达目的时，他还教我左转再右转，于是我就跟他说：'先生，斜前方就到了，除非你想再绕一下。'"我们都笑了出来。

"他好像比较信任机器吧！"他无奈地说。

"我也懂机器的，其实我专科学院念的是机械系，我还是排行前五名的毕业生。"我很惊吓一个弄机械的大专毕业生，居然来开车做服务人的工作，改变似乎太大，看到我的惊讶，他继续说：

"当年我出来工作时，与老板起争执，一气之下就离职，我老婆说我这种个性，只能自己做老板，但是我们又没资金，又找不到幕后的金援，高不成低不就，在家待了一年。后来想用开出租车，暂时渡过难关，没想到一开就已过了十年。”“你会后悔没做本行机械的工作吗？”

“以前看到同学们功成名就，会很懊恼后悔，现在已没什么情绪了，唯一后悔的是不该与老板冲突，应该原谅他的苦衷，当年他创业不久，也很辛苦，其实对我也不坏。只是那时我年轻气盛，当年作这样的选择，也得认了。而且现在为人服务，能够帮人安全地载到目的地，那感觉也很不错。”他的感慨中，有稍许的神伤与臣服。

人每天都要面对成百上千个选择，有些决定可能影响不大，有些选择却让人莫名其妙，啼笑皆非。更有的是机缘的抉择，足以影响一生，很难回头。

谁的生命过程中没有因选择而迷失过？他因无法宽恕老板而选择离职，他的乘客宁愿选择信任机器，胜过为他服务的司机，看来宽恕与信任是人生选择的课题中容易迷失与清理的工作了。难怪，证严上人常教导弟子们普天三无：“普天之下没有我不爱的人，普天之下没有我不信任的人，普天之下没有我不原谅的人。”许多真理，常常超乎一般课堂上的智慧。

老天对人类有不完美的设定，因此生命产生惊奇的变化，让世界充满无限的可能，长期的演化，只有更好，没有最好，因为最好就不用再改变了。

【幸福港湾】

常怀感恩心，随时都有好心情，
多一份感恩心，就少一份嗔恨心，
更多一份好心情。
如果还能甘愿做欢喜受，
在人生的许多选择中，
不为情绪所主导，
更能体悟人性的良善与美好。

做心的主人

一笑解千愁，再笑可以除百忧，笑的功用是很大，可是世上难得有笑话可以大笑，反而是不经意的误会可能变成笑话了。前几年，我们常送书到监狱，希望狱友们能够因书而改变想法，有一次刚跨入监狱门内，就接到朋友来电，问我在哪里，我回说在监狱，把她吓了一跳，再问我，发生什么事了。等我们发完书，跨出监狱铁门时，又接到她的电话，问我在哪里，我回说刚出监狱门。她很认真地说："那你自由了吗？"当我解释了因送书活动而到监狱时，她很慎重地警告我："那里面都是坏人，你怎么敢进去？"

"喂，拜托，人家典狱长说监狱内，根本没有人会为非作歹，做坏事的人都在监狱外面哩，坏人都在围墙外面耶。"

"有道理，善恶也是在一念间。那你们有渡化到他们了吗？"

"感觉他们是有收获的，我曾接到一封信，是个二十五岁年轻的受刑人，因看了《答案》一书的来函，其中一篇《让痛苦往生》中的兄弟差点因杀人而入狱，让他心有戚戚焉，于是来信请教人生的问题。”

“那他为什么在狱中服刑？”

“他的父母很早就离异，且已各自再婚。他初中没毕业就必须去做工，他脾气暴躁，有一次与工作伙伴因一言不合起争执，于是他用棍子把同事打成重伤，因此现在监狱受刑，他很后悔，希望自己能努力重新做人。他来信是想知道人生的答案到底在哪里，该怎么做才能改变命运？”

“好可怜，那你怎么帮他呀？”

“我回信给他，说他虽然现在是身不自由，但心没被束缚，心灵是可驾驭一切的。人是可以用自己的自由心智，来转变宿命的，但前提是暴躁的习气要改，才转得动，而且还是要持之以恒的改变，这世界才能变得不一样。”

“那他问的人生的答案呢？”

“生命并不是用来寻找答案，也不是用来解决问题的，它是用来回馈这世间的。我们等的不是机缘，也不是贵人或老师，我们等的是自己的决心，它是克服未来一切困难的种子，人类的心灵，其实是具有神奇的力量。只要有决心哦！”

“你勾起我回忆某个教室里，老师循循善诱的声音，你们一定会种下好的种子，在他们心中，就等待发芽了。”

今日的我们，内心都是善良的，或许是来日影响更多人，成为好人者，那我们的出生就是老天给这世界带来最好的礼物了。让我们一起来祈祷，一起来努力，共同为人心净化、社会祥和、天下无灾无难，而努力。

请记得，每天都要祝福自己，也要祝福别人！

【幸福港湾】

生命是用来回馈这世间的，
有时候，我们等的不是机缘，
也不是贵人或老师，
我们等的是自己的决心，
它是克服未来一切困难的种子，
人类的心灵，
具有神奇的力量。
只要有决心！

幸福的十二大心法

Twelve Ways Toward Inner Bliss

培养幸福的习惯

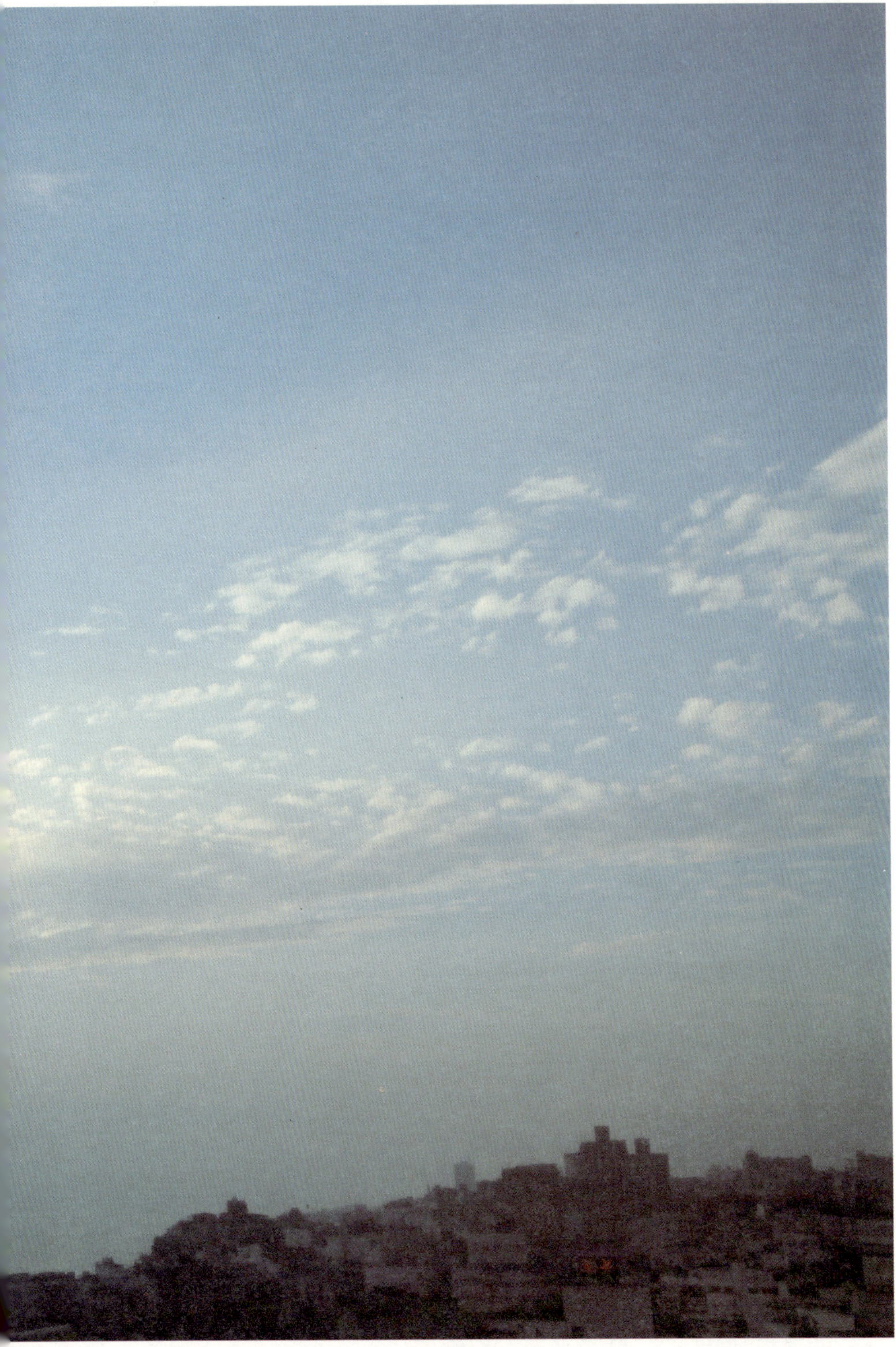

每天早上醒来，先对自己祝福：
有美好的一天，身心灵合一，
以愉悦的心情，活在每一个当下。
祝福周遭的每一户人家，都能平安无事，
发挥使命，帮助更多的人。

Each morning upon waking up, bless yourself with a fabulous day.
Your body, mind and spirit are in perfect unison with joy at every moment.
Bless all of your neighborhood with peace and the power to bring benefactions to more people.

每天晚上临睡前，反省自己，
放空自己，放下烦恼，想一句好话来滋润自己，
感恩所有的善意与磨练，臣服一切的安排，
忏悔自己不小心说错的话，做错的行为，
流露的负面情绪，并决不再犯。

Each night before going to bed, reflect on the day and let yourself be free of negative emotions. Think of one good thing to say about yourself to nourish your soul. Be grateful for the goodness and challenges, and accept them completely. Be contrite of harsh speech, wrongful deeds, and unrestrained emotions, and vow never to commit the same mistakes.

随时携带微笑面霜：

对人真诚的微笑，会感染周遭得到幸福。笑容可掬，能人见人爱，随时补微笑面妆，没有后遗症，男女皆适用。对自己的过去，也要一笑置之，每天开怀大笑三次，可以释放脑内啡，可以养生五脏六腑，也可补运动量的不足！

最知名的品牌是慈济面霜。

Always Wear A Smile On Your Face:

A sincere smile is "infectious". Everyone loves a smile. You can wear it at all times and touch it up as much as you need. There are no side effects and it works on both males and females. Laugh off your old troubles. A hearty laughter three times a day releases healing endorphin that nurtures the body and even makes up for lack of exercise! Tzu Chi volunteers are famous for their smiles.

口说好话：

每天真诚地说一句鼓励别人的话，会受人欣赏而有吸引力。
福与祸皆从口出，轻声柔言，让人与人之间祥和。
柔软的舌头，可以化解不满，拥有改变命运的力量。
专注聆听别人说话，不用过去的自己，来逞英雄而盖过别人的故事。

Speak Good Words:

Give an honest and encouraging word to someone everyday. People will appreciate you and find you irresistible. Blessings and misfortunes both roll off the same tongue; use gentle speech to foster amicable relationships and diffuse hard feelings; it has the power to alter your fate. Listen intently to others and refrain from verbal one-upmanship and snide remarks.

身行好事：
每天找机会至少为别人做一件好事。
来，让我们来帮您系上鞋带，走出门去，
一日五善：吃素、省水、省电、不用免洗筷、改变交通方式，
节能减碳，简单俭约过生活，做环保，救地球。

Do Good Deeds:
Do something good for someone everyday. Let's put our boots on and carry out the five good deeds: adopting a vegetarian diet, conserving water, conserving electricity, refusing to use disposable utensils, and travel smartly to reduce carbon footprints. Adopt a simple and thrifty lifestyle to protect the environment.

心发好愿：

每天或至少每周一次，记录感恩之人与事。

让我们来约定，打勾勾，爱您自己，

善解别人说话与行为的善意，不让悲伤、烦恼上心头，

包容别人背后的辛苦。

觉察内心，有所求就有所失，无所求就无所失。

Make Good Wishes:

Write down something to be grateful for everyday or at least once a week. Let's make a pact to be kind to ourselves, and to see the good intentions behind what others have to say or do. Refuse to let sorrow and anxiety boggle your mind, and be forgiving and understanding of the struggles others go through. Know your heart; a heart filled with expectations will be disappointed; a heart without expectations will not be disappointed.

时间：

“好了，事情就是这样了。”时光不能倒流，但态度可以回转。已发生的事，无法再改变，接受它，祝福它，人生不能重来。不要把过去的恐惧带到未来，但必须从事件中得到教训。专注在当下、分秒不空过，才有无限可能的成就。

Time:

"All right. What's done is done." We cannot turn back the clock, but we can turn back our attitude. Because we cannot do anything about the past, accept it and give it your blessings. Do not carry the guilt from the past into the future. Do remember the lessons but focus on the present for it offers endless possibilities.

空间：

空间没有大或小，只要不放弃，就可以发挥创造力。
人善人欺，天不欺；人恶人怕，天不怕。
爱是帮他找台阶，给他面子，才有成长的空间，
用无所求的爱，才能把失落的爱串起来。

Space:

Space is not limited by any dimensions. One who never gives up gets to create his own world. Heaven looks after the meek who gets pushed around and exacts justice to the bully who pushes others around. Compassion is being lenient on the offenders so they have a chance to grow spiritually, for only unconditional love can touch and reclaim the lost ones.

人与人之间：

欣赏及赞叹别人的优点，缘不定缘，人常被情绪左右，而反复无常。不必太在意他人的脸色，提醒自己当下结好缘，常表达感恩。

世间多少悲苦爱恨，都在迷情于小爱中造成，若能觉悟普天之下都是一家人，拉长情，扩大爱，就不孤单，而没有焦虑了。

Interpersonal Relationship:

Appreciate and be awed by the good qualities in other people. Conditions change, and we often find ourselves emotionally dictated by them. Do not be bothered by the look on people's face. Remind yourselves to constantly forge good relationships and express gratitude often. Much grief and suffering are a result of selfish and possessive love. We can be free from alienation and enmity when we truly understand all people are members of one big family in this world.

摆脱忧郁：
忧郁来自没有事可以承担，没有可以完成的事，找出事情来和亲友一起去完成，让精神与内在得以成长。
走出来，与团体共修断习气；学超越，借与他人的互动，建立并加强与自己的关系。

Depression Antidote：
Depression is a result of not taking on responsibility in life. Complete tasks together with your family members, and allow your body and spirit to blossom. Work with a group to tame and transcend your temper. Get to know yourself intimately from working and interacting with other people.

释放压力：

压力来自对自己的不满意，有目标所以才有压力。
让心转向内在的平静，不再要求自己与别人，
换个角色做，就能了解自己的力量。

Stress Relief:

Stress comes from a dissatisfaction with self. Having a goal can mean stress. Focus instead on the tranquility of mind within. Stop making demands on yourself and others. You will get to know your own strength by taking on the roles of others.

让全身放松：

抛开所有的忧虑，让感觉深入自己的内在，回到本来的自己，告诉自己是完整的，富足的，不虑匮乏的，接受这份感觉，尽量停留在那份平静的觉知里，当回到日常生活后，别忘了带着这份安详的力量。

Whole Body Relaxation:

Let go of all worries. Get in touch with your feelings within and return to your original self.

Affirm yourself that you are complete, abundant, never lacking, and embrace this affirmation. Stay with this inner cognizance and remember to take this serene awareness with you as you return to your daily life.

图书在版编目(CIP)数据

活出幸福/林幸惠著.—上海:复旦大学出版社, 2012.1(2018.8 重印)
ISBN 978-7-309-08553-2

Ⅰ. 活…　Ⅱ. 林…　Ⅲ. 幸福-通俗读物　Ⅳ. B82-49

中国版本图书馆 CIP 数据核字(2011)第 220667 号

活出幸福
林幸惠　著
责任编辑/邵　丹
封面设计　孙豫苏

复旦大学出版社有限公司出版发行
上海市国权路 579 号　邮编:200433
网址:fupnet@fudanpress.com　http://www.fudanpress.com
门市零售:86-21-65642857　团体订购:86-21-65118853
外埠邮购:86-21-65109143
上海华业装潢印刷厂有限公司

开本 890×1240　1/32　印张 5.5　字数 75 千
2018 年 8 月第 1 版第 3 次印刷
印数 12 201—15 300

ISBN 978-7-309-08553-2/B·415
定价: 29.00 元